AF178859

Frühling im Holunderweg

Für alle Faschingsfans, Aprilscherzspezialisten,
den Osterhasen (und seine fleißigen Helfer) –
und für alle, die vor lauter Frühlingsübermut
Hummeln im Hintern haben.

Martina Baumbach wurde 1969 in der Nähe von München geboren. Dort lebt sie mit ihrer Familie auch heute. Für ihren ersten Kinderroman bekam sie das Literaturstipendium der Stadt München, für »Und Papa seh ich am Wochenende« wurde sie mit dem Ulmer Bilderbuchspatz ausgezeichnet. **www.martinabaumbach.de**

Verena Körting ist in Köln geboren und aufgewachsen. Sie studierte Visuelle Kommunikation an der Fachhochschule Düsseldorf, zog danach für einige Jahre nach Hamburg und arbeitete dort als Grafikdesignerin. Doch da sie viel lieber zeichnet und Geschichten erzählt, begann sie 2010 Kinderbücher zu illustrieren. Sie lebt und arbeitet in Köln. **www.verena-koerting.de**

Die Holunderweg-Reihe bei Gabriel:

Frühling im Holunderweg Sommer im Holunderweg Herbst im Holunderweg Weihnachten im Holunderweg

Mehr über unsere Bücher, Autor:innen und Illustrator:innen auf:
www.thienemann.de

Martina Baumbach

Frühling im Holunderweg

Mit farbigen Bildern
von Verena Körting

Gabriel

Inhalt

Willkommen im Holunderweg 7

Ist das nicht ein ungeheures Glück? Ida, Lennart, Malte, Ella und Bruno sind allerbeste Freunde und sie wohnen alle zusammen in derselben Stadt, in derselben Straße, im selben Haus. Das haben ihre Eltern wirklich gut hinbekommen. Es könnte ja auch sein, dass Ida und Lennart hoch oben im Norden wohnen würden, Malte und Ella irgendwo im Westen und Bruno tief unten im Süden. Dann hätten sie voneinander vermutlich keine Ahnung und wüssten nicht, wie viel Spaß sie miteinander haben könnten: im Holunderweg 7.

Das Haus ist nicht groß, aber auch nicht klein. Es hat drei Etagen und auf jeder Etage zwei Wohnungen und natürlich gibt es auch noch andere Leute dort. Da sind einmal die Eltern von allen, klar: Frau und Herr Rosenbaum und Frau und Herr Sonntag und Frau und Herr Carducci. Und dann die Kleinen: Lilly (Idas und Lennarts kleine Schwester), Anna-Baby (Brunos kleine Schwester) und Klein-Olli (Nina Süßmilchs niedlicher Spatz). Die können wirklich manchmal ziemlich nerven – wie das mit kleinen Kindern eben so ist –, aber allermeistens sind es die süßesten Spätze der Welt. Aber das müssen ihnen Ida, Lennart, Malte, Ella und Bruno ja nicht unbedingt auf die Nase binden, sonst hätten sie vermutlich keine Minute mehr Ruhe vor ihnen.

Dann wohnen da noch Herr Schlussnuss im Erdgeschoss, Hausmeister Kuse im ersten Stock und Nina Süßmilch mit

Klein-Olli oben unterm Dach. Frau Süßmilch und Herr Kuse sind supernett, vor allem mögen sie Kinder total gern und haben nichts dagegen, wenn es im Haus oder draußen im Hof mal etwas lauter oder wilder zugeht oder unordentlich ist. Nur Herr Schlussnuss würde am liebsten alles verbieten, was Spaß macht. Bei ihm kann man sich wirklich nicht vorstellen, dass er früher selber mal ein Kind gewesen ist. Noch dazu hat er mindestens tausend Mal am Tag schlechte Laune und nörgelt an allem herum. Nur Lilly hat den Bogen mit ihm raus, ihr kann er einfach nie böse sein.

Doch jetzt im Frühling sollte sowieso niemand schlechte Laune haben oder herumnörgeln. Denn im Frühling ist einfach alles schön. Es wird endlich wärmer und ist jeden Tag etwas länger hell. An jeder Ecke wird es grün und aus allen Ritzen sprießen die ersten Blumen, es summt und zwitschert aufgeregt in der Luft und alle Leute haben zufriedene Gesichter – da kann man doch einfach nur rundum zum Platzen fröhlich sein vor lauter wunderbarem Frühlingsgefühl. Und mit Frühlingsgefühlen geht es auch gleich los.

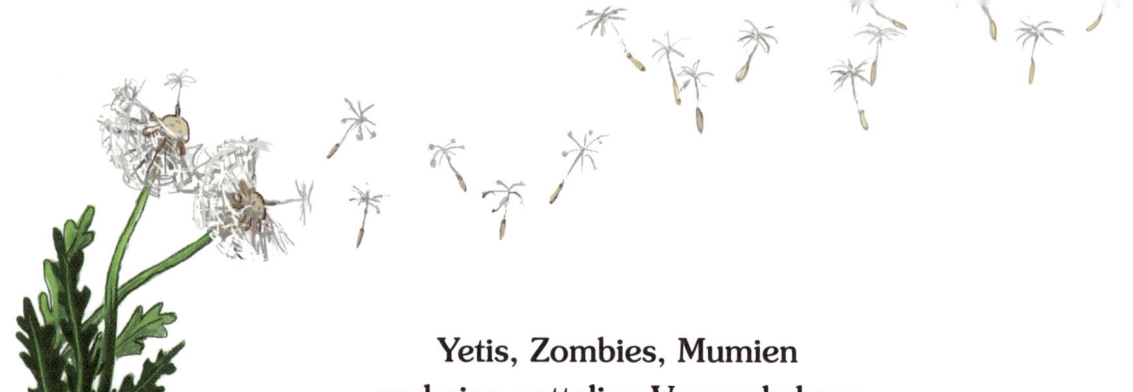

Yetis, Zombies, Mumien
und eine zottelige Verwechslung
(oder als Malte einmal doch nicht Malte ist)

»Im Frühling hab ich einfach mehr Bock«, sagt Lennart und stopft sich das ganze Frühstücksei auf einmal in den Mund. »Aupf allesch.«

»Lennart!«, schimpft Mama, weil sie es nicht mag, wenn er solche Wörter sagt, und so schlingen soll er sein Frühstück auch nicht. Aber im nächsten Moment ist sie schon wieder abgelenkt und ganz bei dem schönen Blumenstrauß in ihrer Hand.

»Gefällt er dir?«, fragt Papa und gibt Mama den mindestens zwölften Kuss heute Morgen.

»Iiieh!«, quiekt Lilly – auch zum mindestens zwölften Mal heute – und wischt schnell Mamas Wange trocken.

Lennart kichert los, wobei ihm das Ei fast wieder aus dem Mund fällt. Aber Jungs müssen einfach kichern, wenn es ums Küssen geht. Von ganz allein, da können sie nichts dagegen machen.

»Valentinstag«, stöhnt Ida, denn das ist der Grund für die ganze Küsserei heute.

Papa nickt und erklärt, dass er seiner Liebsten – womit er

Mama meint – Blumen schenkt, damit sie weiß, wie lieb er sie hat.

»Valentinstag ist doof«, brummt Lilly und verdreht die Augen. So ein Riesentheater, wo es doch sowieso klar wie Kloßbrühe ist, dass Mama und Papa sich lieb haben.

»Und die sind für meine drei *Aller*-Liebsten«, sagt Papa zwinkernd und zaubert drei Schokoladenherzen in rotem Glitzerpapier hinter seinem Rücken hervor und legt sie vor Ida, Lilly und Lennart auf den Tisch.

»Na gut«, kräht Lilly. »Valentinstag ist nur ein kleines bisschen doof.« In Windeseile hat sie die Schokolade aus dem roten Glitzerpapier gewickelt und in ihren Mund gesteckt.

Eine Etage höher, bei Familie Sonntag, gibt es heute Morgen auch Blumen und Küsserei. Und wo sich alle gerade so lieb haben, hält Malte das für eine gute Gelegenheit, mit seinem Wunsch rauszurücken.

»Am Wochenende ist Faschingsball in der Turnhalle … da gehen alle hin«, sagt er zur Einleitung, damit Mama erkennt, wie dringend die Sache ist.

»Wie schön«, sagt Maltes Mama und nimmt einen Schluck aus ihrer Kaffeetasse.

»Ja schon, aber ich brauch unbedingt noch ein Kostüm«, erklärt Malte. »Am besten … das coole Yeti-Kostüm aus Artjoms und Olgas Laden.« Jetzt ist es raus.

»So so, am besten«, wiederholt Papa grinsend, während er Schulbrote für Malte und Ella macht.

Malte nickt. Seit das Yeti-Kostüm im Schaufenster hängt, weiß er: Das ist es! Nur was, wenn sie jetzt Nein sagen? So viel

Geld bekommt er bis zum Wochenende nie zusammen, um es sich selbst zu kaufen.

»Wir haben doch so viele Kostüme«, sagt Mama, und fast sieht es so aus, als würde sie den Kopf schütteln und alles wäre verloren.

»Die sind längst zu klein und ich kann mich doch nicht jedes Jahr gleich verkleiden«, versucht Malte es weiter. »Außerdem hat das Yeti-Kostüm sogar eine Maske dabei.«

»Ich könnte dir ein Yeti-Kostüm aus einer alten Decke nähen«, schlägt Mama vor. Was normalerweise keine schlechte Idee wäre, weil sie wirklich toll nähen kann.

»Mama, bitte! Das ist nicht dasselbe«, jault Malte auf.

»Also ich brauch kein Kostüm«, springt ihm Ella zur Seite, schließlich soll ihr kleiner Bruder auch was vom Liebhaben am Valentinstag haben. »Dann müsst ihr nur einmal Geld ausgeben.«

»Gehst du nicht zum Fasching?«, fragt Malte erschrocken, denn am Ende ist Fasching längst Babykram.

»Natürlich geh ich hin!«, lacht Ella und tippt sich an die Stirn. »Aber Ida und ich verkleiden uns als Zombies. Wir wollen Löcher in alte Sachen schneiden, die wir nicht mehr anziehen, und uns gruselig schminken.«

»Zombies«, sagt Mama und sieht Papa schulterzuckend an. »Na, dann.«

So ist Malte tatsächlich nach der Schule und nach Mamas Arbeit zu dem absolut weltbesten und coolsten Yeti-Kostüm gekommen. Klar, dass Malte es nun jede freie Minute trägt. Denn wie soll man es bitte schön mit einem nagelneuen Yeti-Kostüm aushalten, wenn man noch eine halbe Ewigkeit auf Fasching warten muss?

»Kannst du das Ding nicht mal absetzen?«, seufzt Maltes Mama und meint die Yeti-Maske. »Ich weiß ja schon nicht mehr, wie du wirklich aussiehst.«

Aber dann ist endlich Sonntag und endlich Faschingsball. Geschminkt und in Kostümen machen sie sich auf den Weg: Malte, Ida, Ella, Lennart, Bruno, und Lilly natürlich. Als Maltes Mama Nina Süßmilch gefragt hat, ob sie mit Klein-Olli auch mitkommen will, hat Klein-Olli gleich gekräht: »Olli mit … Olli mit!«, obwohl der kleine Spatz ja noch gar nicht weiß, was Fasching überhaupt ist. Weshalb er sich vermutlich auch wundert, warum er heute als Marienkäfer verkleidet ist.

Lennart hat das witzigste Kostüm und er hat es tatsächlich bis zum Schluss geheim gehalten. »Ich bin Rotkäppchen«, säuselt er, geschminkt wie Barbie. Auf seinem Kopf hat er eine rote Mütze, aus der rechts und links zwei dicke gelbe Wollzöpfe heraushängen, die seine Haare sein sollen.

»Drum hast du dir mein rotes Kleid geborgt«, kichert Ida, die unter ihrer Zombieschminke gar nicht mehr wie Ida aussieht.

»Ich bin Supermann«, sagt Bruno und trommelt sich mit den Fäusten auf die Brust. »Gebt mir Bescheid, wenn ich die Welt retten soll.« Sein Kostüm ist so muskelbepackt, dass er kaum seine Jacke darüberziehen konnte.

»Du kannst Rotkäppchen vor dem bösen Wolf retten«, meint Ella.

»Und mich auch«, posaunt Lilly, die mit ihrem rosa Prinzessinnenkleid schon die ganze Zeit wie ein Flummi um alle herumhüpft.

Vor dem Haus treffen sie Herrn Kuse, den Hausmeister, der zweimal hingucken muss, bevor er sie erkennt.

»Donnerwetter, da ist ja einer von euch schöner als der andere!«, sagt er anerkennend. Obwohl er nur die Hälfte der Kostüme sieht, weil sie ja wegen der Kälte Jacken und Mützen drüber haben. Also außer Malte, der als Yeti sowieso schon ein warmes Fell hat.

»Wir sind nicht schön!«, empört sich Ida.

»Genau, wir sind nämlich Zombies!«, schnaubt Ella und verzieht zähnefletschend das Gesicht.

»Oh ja, Hilfe!«, ruft Herr Kuse lachend. »Ihr seid natürlich schrecklich schaurig.«

»Wir gehen zum Faschingsball«, erklärt Bruno, für den Fall, dass Herr Kuse sich mit Fasching nicht so auskennt, weil er ja keine kleinen Kinder hat.

»Na, dann wünsch ich euch viel Spaß! Haut ordentlich auf die Pauke«, sagt er und winkt lächelnd dem kleinen Faschingszug hinterher, der den Holunderweg entlangmarschiert. Ein zotteliger Yeti, ein süßes Rotkäppchen, ein muskelbepackter Supermann, zwei gruselige Zombies, eine rosa Prinzessin und ein kleiner putziger Marienkäfer.

Warum Erwachsene allerdings beim Verkleiden immer nur so tun als ob, ist schon seltsam. Maltes Mama hat sich zwei Zöpfe geflochten und Sommersprossen ins Gesicht gemalt, wodurch jeder erkennen soll, dass sie Pippi Langstrumpf ist. Obwohl sie sonst ihre ganz normalen Sachen anhat. Nina Süßmilch ist Klein-Ollis Marienkäfermama, mit schwarzen Punkten im Gesicht und einem Haarreifen mit Fühlern auf dem Kopf. Und Herr Rosenbaum, Idas, Lennarts und Lillys Papa, geht als Drache, wofür er sich auf die Kapuze seines Pullis grüne Zacken genäht hat. Aber manche Erwachsenen verkleiden sich ja überhaupt nicht und im Vergleich dazu haben sich die drei schon ziemlich Mühe gegeben.

Die Faschingsparty ist schon in vollem Gang und ihnen tönt laute Musik und fröhliches Geschnatter entgegen. Die Turnhalle ist über und über mit Girlanden, Luftschlangen und Luftballons dekoriert und rappelvoll mit verkleideten Kindern. Pistolen sind zum Glück verboten, sonst wäre man ja die meiste Zeit halb taub von der Ballerei.

»Dort ist Bini!«, ruft Ella.

»Und Finn«, sagt Lennart. Sie winken ihnen. Die meisten erkennt man trotz der Verkleidung sofort.

»Guckt mal, Sammy und Frau Walz!« Malte zeigt auf ihre Fechttrainer, die beide als Piraten an der Bar stehen und Krapfen, Kaffee und Limo verkaufen.

»Krapfenwettessen!«, brüllt Bruno und will schon hindüsen.

»Zuerst Klopapiermumienwickeln!«, ruft Ida aufgedreht. »Dort, es fängt gleich an!«

»Okay, ich nehm Lilly«, sagt Lennart und schnappt Lilly an der Hand.

»Beschiss!«, schimpft Bruno. »Mit Lilly musst du viel weniger wickeln als wir.«

»Du bist ja nur neidisch, weil du nicht auf die Idee gekommen bist!«, antwortet Lennart, während er seine beiden Wollzöpfe hinter dem Kopf zusammen-

knotet, damit sie ihn beim Wickeln nicht stören. Dann stellt er sich mit Lilly in Position.

»Von wegen«, plärrt Bruno. »Dann hol ich mir Klein-Olli!«

Aber da kommt schon das Startsignal und Bruno muss doch Malte nehmen. Was eigentlich sowieso das Beste ist, weil Klein-Olli bestimmt viel mehr gezappelt hätte. So wie Lilly gerade, weshalb dem armen Lennart auch andauernd das Klopapier reißt und er von vorne anfangen muss.

Während sich die Jungs noch gegenseitig aufziehen, fangen Ida und Ella einfach in Ruhe an und wickeln los. Und weil Ella eine vorbildliche Mumie ist und Ida eine vorbildliche Mumien-wicklerin, sind sie am Ende als Erste fertig und gewinnen. Zwei Buntstiftsets in einem schönen durchsichtigen Mäppchen. Nur leider steht »Überreicht von deiner Stadtbank« darauf.

»Ohne Lilly hätte ich gewonnen«, brummt Lennart, der ziemlich sauer auf sich und seine blöde Idee ist, Lilly auszuwählen. »Außerdem habt ihr bestimmt vorher geübt!«

»Pfff, wer übt denn Klopapiermumienwickeln?«, fragt Ella und schüttelt kichernd den Kopf.

Da merkt Lennart, wie still Lilly geworden ist und mit dicker Schmolllippe angestrengt versucht, nicht zu weinen.

»Lilly, das hab ich nicht so gemeint«, sagt er und umarmt sie. »Ist mir total egal, dass wir nicht gewonnen haben.«

Lilly schnieft. »Aber ich gewinne doch so gern«, sagt sie dann. Und weil man es nicht mitansehen kann, dass Lilly so traurig ist, machen sie als Nächstes bei *Reise nach Jerusalem* mit – Lillys absolutes Lieblingsspiel. Kein Wunder, sie ist so blitzschnell und wuselig, dass sie fast immer einen freien Stuhl bekommt.

Klein-Olli hockt währenddessen mit riesengroßen Augen auf Nina Süßmilchs Schultern und weiß gar nicht, wohin er zuerst gucken soll. Schließlich ist es sein erster Faschingsball. Wie soll man sich da bei so einem wilden Durcheinander auskennen?

So geht es auch Maltes Mama. »Habt ihr Malte gesehen?«, fragt sie auf einmal und guckt nervös umher.

»Ja, dort«, sagen Bruno und Lennart einstimmig. Wobei aber Bruno nach rechts zeigt und Lennart nach links.

Maltes Mama legt den Kopf schief. »Ihr verkohlt mich doch«, sagt sie.

Aber bevor Bruno und Lennart beteuern können, dass das ganz sicher die Wahrheit ist, huscht ein zotteliger Yeti an ihnen vorbei.

»Malte, da bist du ja!«, ruft Maltes Mama, doch Malte tut, als würde er in dem Tumult nichts hören.

»Malte!«, ruft Maltes Mama noch mal und erwischt ihn am Ärmel des Yeti-Kostüms. »Warte doch!«

Doch Malte scheint kein bisschen Lust darauf zu haben, zu warten, und drängt weiter.

»Himmel, nun bleib doch mal hier!«, schimpft Maltes Mama.

Zögernd kommt Malte zurück, sagt aber keinen Mucks.

16

»Was soll denn das?«, fragt Maltes Mama mit diesem ganz bestimmten Ton, den sie hat, wenn sie genervt ist. »Nimm endlich die Maske ab und rede mit mir!«

Langsam hebt Malte zuerst die eine Zottelpfote und dann die andere und zieht die Yeti-Maske vom Kopf. Tja, und was soll man sagen? Darunter kommt ganz und gar nicht Malte zum Vorschein, sondern ein Junge, der nicht mal ein klitzekleines bisschen wie Malte aussieht.

»Aber …!«, stammelt Maltes Mama. »Wer …?«

Grinsend guckt sie der Junge an. »Sie müssen mich verwechseln.«

»Ja …«, sagt Maltes Mama völlig baff. »Ist mir das peinlich! Hoffentlich hab ich dir keine Angst gemacht. Magst du als Entschuldigung einen Krapfen oder eine Limo oder …«

»Nee, nee, schon gut. Ich muss wieder los«, sagt der falsche Malte fröhlich und schlängelt sich durch die Menge davon.

»Eine Verwechslung«, murmelt Maltes Mama fassungslos und sieht ihm nach. »Wie peinlich!« Da zupft es plötzlich an ihrem Pulli und der nächste zottelige Yeti steht vor ihr.

»Zu mir kannst du ruhig auch mal so höflich sein«, dringt es unter der Yeti-Maske hervor. »Und eine Limo darfst du mir auch spendieren.«

»Malte?«, fragt Maltes Mama vorsichtig.

Kichernd nimmt der Yeti seine Maske vom Kopf und darunter taucht tatsächlich mit verschwitzten zerzausten Haaren der echte Malte auf.

»Einverstanden«, sagt Maltes Mama lachend. »In diesem Fall spendiere ich Limo für alle!«

»Und ich spendiere die Krapfen dazu«, sagt Idas, Lennarts und Lillys Papa. »Und dann will ich das wildeste Krapfenwettessen sehen, das es je gegeben hat.«

Das bekommt er dann auch zu sehen und danach fängt die Faschingsfeier erst richtig an.

»Polonaise!«, ruft Nina Süßmilch mit Klein-Olli auf ihren Schultern und alle stürmen auf die Tanzfläche.

Als die Mädchen vor lauter Frühlingsübermut Geheimsprache sprechen, die Jungs sich eine Muckibude bauen und alle zusammen Kröten retten

Seit ein paar Tagen ist der Frühling nicht mehr aufzuhalten. Der Himmel ist strahlend blau, in allen Bäumen zwitschern Vögel, sodass man fast sein eigenes Wort nicht mehr versteht, und die Sonne scheint so warm, dass im Nu alles Eis und aller Schnee geschmolzen sind. Genau pünktlich, denn heute ist Frühlings-anfang, der 20. März, und da kann man Eis und Schnee ja wirklich nicht mehr brauchen.

Im Holunderweg 7 sind alle auf den Beinen, treppauf und treppab herrscht ein Treiben wie in einem Ameisenhaufen und alle Fenster und Türen stehen weit offen, denn heute ist Frühjahrsputz angesagt. Da werden Balkonmöbel geschrubbt, Fenster geputzt, Teppiche ausgeklopft, Sommerklamotten gelüftet, Autos ausgesaugt, Winterreifen gewechselt und Fahr-räder geölt. Herr Kuse hat den Wasserhahn an der Hauswand im Hof wieder angestellt und eine neue Ladung Sand in die Sandkiste geschüttet.

»Normalerweise find ich Putzen blöd«, meint Ella. »Doch bei Frühjahrsputz ist das irgendwie anders.«

»Das liegt am Frühling!«, flötet Lennart, während er mit

Schwamm und Seifenwasser die Terrassenstühle abschrubbt. »Da macht sogar Putzen Spaß.«

»Trotzdem bin ich froh, dass es keinen Sommer- oder Herbst- oder Winterputz gibt«, kichert Bruno.

»Im Frühling ist überhaupt alles schön«, schwärmt Malte. »… äh, also bis auf Heuschnupfen.« Er sieht Ida mitleidig an, die schniefend und mit roter Nase Lillys kleines Fahrrad aus dem Schuppen schiebt.

Ida zuckt mit den Schultern. »Dafür können wir endlich unsere Wintersachen einmotten«, näselt sie.

»Und die Fahrräder ausmotten«, trällert Lilly. »Mein Sattel muss höher, weil ich so gewachsen bin.«

»Ausmotten?«, fragt Lennart. »Was soll denn das sein?«

»Das ist doch babyleicht«, sagt Lilly. »Aus-motten ist das Gegenteil von einmotten.« Sie nickt zufrieden.

Lennart kichert los. »Ausmotten … das hab ich ja noch nie gehört!«

»Tja, Pech gehabt«, sagt Lilly mit hochgereckter Nase. »Es gibt eben mehr Worte, als du weißt.«

»Ach ja, welche denn?«, fragt Lennart.

»Ich finde, wenn man dringend ein Wort braucht und

so schnell keins findet, darf man sich eins selber machen«, nimmt Ella sie in Schutz.

Ida nickt. »Wir sind ja hier nicht in der Schule«, sagt sie.

»Lebennabart ibist eibein Bebesseberwibisseber!«, kichert Ella.

Sofort steigt Ida mit ein. Manchmal, wenn es niemand mitbekommen soll, reden sie und Ella nämlich in Geheimsprache miteinander. »Viebielleibeicht wibird eber mabal Lehbehreber, webenn eber groboß ibist«, antwortet sie.

»Obodeber Schlaubaumeibeieber!«, meint Ella.

»Obodeber Klubugscheibeißeber!«, japst Ida und beide lachen sich halb tot dabei, bis sie fast keine Luft mehr bekommen.

Lennart, Malte und Bruno sehen sich seufzend an.

»Ich glaub, die Mädchen haben sie nicht mehr alle«, stellt Lennart dann fest.

»Das ist Geheimsprache«, erklärt Lilly schadenfroh, auch wenn sie selbst kein Wort davon verstanden hat.

»Das haben wir auch gemerkt!«, raunzt Bruno.

»Babykram«, meint Malte und Lennart und Bruno nicken.

»Das ist uns zu dumm«, sagt Lennart.

Da tauchen die drei Papas, die vorhin noch Winterreifen gewechselt haben, mit Sporttaschen im Hof auf. Wobei Brunos Papa den anderen nur geholfen hat, weil Brunos Familie selbst ja kein Auto hat.

»Na, wo geht's denn hin?«, fragt Lennart. Vermutlich, weil er demonstrieren will, dass er schon so groß ist, dass er sich statt für Idas und Ellas Geheimsprache viel mehr für die Erwachsenen interessiert.

»Wir fahren ins Fitnessstudio«, sagt Lennarts und Idas Papa und winkt. »Bis nachher.«

»Bis nachher«, verabschieden sich auch Herr Sonntag und Herr Carducci, die Papas der andern.

»Krass, da wollen wir auch mit«, brüllt Bruno.

»Ja, Muckibude ist cool«, grölt Lennart und ballt die Fäuste über den Schultern, damit man seine Muskeln sehen soll.

Aber die Papas erklären, dass das für Kinder noch nichts ist, und dass sie sich doch sowieso den ganzen Tag bewegen und ihre Muskeln trainieren.

»Und wieso dürft ihr hin?«, mault Malte.

»Bauchspeckwegtraining«, sagt Maltes Papa geheimnisvoll. »Damit wir dann im Freibad eine gute Figur machen.«

»Ja, wir haben uns über den Winter ein bisschen Speck angefuttert«, erklärt Brunos Papa und klopft sich auf den Bauch.

Sie winken noch einmal, steigen in Herrn Sonntags Auto und fahren los. Was ehrlich gesagt nicht besonders sportlich ist. Da wären sie besser gelaufen oder mit dem Rad gefahren.

»Und ob das was für uns ist!«, beharrt Lennart und die Jungs wären nicht die Jungs, wenn sie das einfach so hinnehmen würen.

»Genau, wir machen unsere eigene Muckibude«, erklärt Bruno. »Wir haben eine Menge von dem Zeug, was man dazu braucht, im Keller: Hanteln, Expander, Gummimatten …«

»Ab in den Keller!«, ruft Lennart und damit sind die Jungs erst mal beschäftigt.

Als Ella und Ida später oben bei Bruno nach den Jungs schauen, staunen sie nicht schlecht. Auch Brunos Mama ist platt, als sie sieht, was die Jungs in Brunos Zimmer veranstalten. Dort liegen nämlich überall Fitnessgeräte auf dem Boden herum, sie haben sogar das alte wackelige Fitnessfahrrad vom Keller bis hoch in Brunos Zimmer geschleppt.

»Na, so was Praktisches«, sagt Brunos Mama lachend. »Da kann ich mir ja das teure Fitnessstudio sparen. Ich muss nicht erst weit fahren und Anna-Baby kann solange in ihrem Bettchen liegen.«

Und Bruno hat schon Bammel gehabt, ob sie nicht vielleicht schimpft und sagt, dass er alles gleich wieder in den Keller schaffen muss.

»Sport ist gesund«, erklärt Malte oberwichtig, als wäre er so ein Typ aus der Fernsehwerbung. »Sport macht fit, ist gut für die Gelenke und für ein langes Leben.«

»Wenn ihr wollt, dürft ihr mitmachen«, sagt Bruno. »Also, wenn ihr nicht zu schlapp seid.«

Da ertönt ein drängelndes Meckern und Quengeln aus dem Schlafzimmer: Anna-Baby ist wach.

Brunos Mama lächelt. »Ja, ein langes Leben hätte ich gern. Aber zuerst muss ich nach Anna-Baby schauen.«

»Was ist mit euch?«, fragt Malte.

»Vielleicht ein andermal«, erklärt Ella. »Herr Kuse hat gefragt, ob wir mit zu den Krötenzäunen kommen. Wir alle.«

»Hä … Kröten?«, fragt Bruno.

»Ja, wir müssen sie sicher über die Straße bringen, damit sie nicht überfahren werden«, sagt Ida und hüpft ungeduldig auf und ab. »Wir wollten euch bloß holen kommen, Herr Kuse wartet unten schon auf uns.«

Und weil es natürlich wichtiger ist, Kröten zu retten, beschließen die Jungs, dass sie für heute genug trainiert haben. Sie lassen alles stehen und liegen und kommen mit.

Es sind nur drei Busstationen. Währenddessen erklärt ihnen Herr Kuse das Wichtigste. Er kennt sich wirklich mit einer ganzen Menge von Dingen aus.

»… weil es schon so warm ist, sind die Kröten aus der Winterstarre erwacht und fangen an zu wandern«, erzählt er. »Na, und wenn sie dabei über eine Straße müssen, ist das natürlich gefährlich.«

»Uuh, die Armen!«, ruft Ida entsetzt, weil sie sich eben vorstellt, was passiert, wenn eine Kröte über die Straße hüpft und unter ein Auto gerät.

»Deshalb gibt es die Krötenzäune«, erzählt Herr Kuse weiter. »Da können sie erst mal nicht rüber, bis wir sie einsammeln.«

Als sie an der Haltestelle *Am Laichhölzl* aussteigen, wartet schon eine Gruppe von Leuten am Straßenrand.

»Herbert!«, wird Herr Kuse von einer rothaarigen molligen Frau begrüßt. »Schön, dass du da bist.« Herbert ist nämlich sein Vorname, denn natürlich heißt er nicht nur Herr Kuse.

»Hallo, Renate. Ich hab Verstärkung mitgebracht«, sagt er und deutet auf Ida, Ella, Bruno, Malte und Lennart.

»Wunderbar, wir können jede Hand brauchen«, sagt die Frau strahlend, dann deutet sie auf eine Kiste. »Zieht euch eine von den Warnwesten über, damit die Autofahrer euch besser sehen, schnappt euch einen Eimer und dann legen wir los.«

Mit gelben und orangefarbenen Warnwesten gehen sie schließlich an dem niedrigen Zaun am Straßenrand entlang.

»Wir sammeln die Kröten zuerst in Eimer und tragen sie dann zusammen auf die andere Straßenseite«, sagt Herr Kuse. »Dass mir keiner allein geht, hört ihr?«

Malte schüttelt sich. »Verdammter Krötenglibber«, murmelt er, als er die erste Kröte entdeckt hat und nicht weiß, wie er sie in den Eimer bekommen soll.

»Traut euch nur, die sind nicht glitschig, wie man immer denkt«, sagt Renate aufmunternd. Klar, sie hat das ja schon ganz oft gemacht. »Nehmt sie einfach vorsichtig in eure Hand.«

»Von wegen einfach …«, jammert Ida.

Aber nach ein paarmal ordentlich tief Luftholen und ein bisschen Gänsehaut ist es tatsächlich gar nicht mehr schlimm.

»Eigentlich sind Kröten richtig cool«, behauptet Bruno und wischt sich verstohlen die Hand an der Hose ab.

»Ja, wenn man sich erst mal an ihre kalten kitzeligen Füße gewöhnt hat«, meint Ella.

»Die sind wie Mini-Dinosaurier«, stellt Ida fest, als sie das langsame und träge Gedrängel einer Menge langer Krötenarme und -beine in ihrem Eimer beobachtet.

»Ich hätte gedacht, sie würden sofort wieder rausspringen«, staunt Malte.

»Die wissen eben, dass wir ihnen helfen wollen«, grinst Lennart.

Als alle Kröten eingesammelt sind, passen Herr Kuse und Renate eine Lücke im Verkehr ab und stellen sich mit roten Fahnen winkend auf die Straßenmitte. Das nächste Auto fährt langsam auf sie zu und hält an. Als der Fahrer die Scheibe runterlässt, erkennen Ida, Ella, Malte, Lennart und Bruno, dass es Frau Kusell, Idas und Lennarts Lehrerin, ist.

»Was macht ihr denn da?«, fragt sie überrascht.

»Nix Schlimmes!«, ruft Lennart, als sie alle mit ihren Eimern vor den haltenden Autos auf die andere Straßenseite marschieren. »Wir retten bloß Kröten.«

»Das ist ja toll«, sagt Frau Kusell. »Das müsst ihr unbedingt morgen allen im Unterricht erzählen.«

»Okay, wir bringen sogar Kröten mit«, verkündet Lennart.

Frau Kusell schüttelt amüsiert den Kopf. »Das mal lieber nicht«, sagt sie. »Die gehören ins Freie und nicht in die Schule.«

»Kinder gehören auch ins Freie und nicht in die Schule!«, ruft Lennart aufgedreht, womit er von allen, auch von Frau Kusell, großes Gelächter erntet.

Und da winken Herr Kuse und Renate die Autos auch schon wieder weiter.

»Tschüss, Kröten«, sagt Ella leise, als alle ihre Eimer vorsichtig ins Gras legen und sich die Kröten eine nach der andern aus dem Staub machen.

»Wissen sie denn von alleine, wo sie hinmüssen?«, fragt Bruno ein bisschen besorgt.

»Freilich.« Herr Kuse nickt. »Dort hinten liegt unser Stadtweiher. Dort sind sie geboren und dort wollen sie auch ihre Eier ablegen.«

»Schon«, sagt Lennart. »Aber woher wissen die Kröten, wie sie hinkommen?«

»Hm, das haben die Menschen noch nicht herausgefunden«, sagt Renate. »Das ist quasi ein Krötengeheimnis.«

»Haben sie vielleicht so was wie ein Navi?«, fragt Ida. »Also im Gehirn, mein ich, so wie Zugvögel.«

»Wenn ich groß bin, werde ich Krötenforscher«, behauptet Lennart ernst. »Dann find ich's raus.«

»Sehr gut«, sagt Renate lächelnd. »Ich würde es nämlich auch gern wissen.«

»Da kommt unser Bus«, sagt Herr Kuse. »Rein mit euch zweibeinigen Kröten und dann ab nach Hause.«

»Das nächste Mal kommen wir wieder mit«, verspricht Ella noch schnell und alle nicken zustimmend, dann schließen sich die Bustüren.

Zu Hause steht Lilly schon in der Tür und empfängt Lennart lautstark. »Ich weiß noch ein Wort, das du nicht kennst!«, kräht sie glücklich.

»Zuerst bin ich dran!«, antwortet Lennart schnell. »Ich weiß eins, das du nicht kennst, nämlich … *Krötengeheimnis.*«

»Krötengeheimnis«, wiederholt Lilly mit strahlendem Gesicht. »Das klingt toll.«

»Komm, wir kuscheln uns aufs Sofa«, sagt Lennart und nimmt Lillys kleine Hand. »Dann erzähl ich dir, was das ist.«

Ida und Lennart haben Geburtstag
und verpassen fast ihre Party

Das Beste am Wochenende ist, dass man morgens ausschlafen kann. Doch Ida und Lennart sind längst wach.

»Wann sie wohl kommen?«, flüstert Lennart. Er schlägt die Bettdecke zurück und lauscht. In der Wohnung ist es mucksmäuschenstill. Kein verräterisches Rascheln, Knistern oder Flüstern ist durch die Zimmertür zu hören.

»Vielleicht zünden sie noch die Kerzen an«, sagt Ida und kuschelt sich zufrieden in ihr Kissen. Geburtstag haben ist überhaupt das Allerschönste auf der Welt. Gleich wird die Tür auffliegen und Mama, Papa und Lilly werden mit Geschenken und Kuchen an ihre Betten kommen und *Zum Geburtstag viel Glück* für sie singen.

»Wieso dauert das denn so lang?«, jammert Lennart.

»Trödeln an Geburtstagen sollte verboten werden!«, kichert Ida. »Wenn ich nicht gleich Geschenke bekomme, platze ich noch vor lauter Neugier.«

»Hauptsache, es ist ein Handy dabei«, murmelt Lennart.

Ida nickt, schließlich haben Ella und Bruno seit Weihnachten auch eins.

Ein bisschen schade ist es allerdings, dass man als Zwilling das ganze Hochlebenlassen und Glückwünschen und Feiern teilen muss. Aber Geschenke und eine Torte mit Kerzen bekommt natürlich jeder für sich ganz allein.

Das wäre ja noch schöner, hat Mama gesagt, eine Torte zum Geburtstag teilen! Schließlich müsste sie ja dann das restliche Jahr keine Geburtstagstorten mehr backen.

»Und was ist mit mir?«, hat Lilly ganz erschrocken gefragt. »Dich ausgenommen, natürlich!«, hat sich Mama schnell verbessert. Prompt fing Lillys Unterlippe zu zittern an. »Ich will nicht ausgenommen sein«, hat sie geschnieft, und da hat Mama sie in den Arm genommen und gesagt, dass sie ein Dummerchen ist und dass *ausgenommen* bedeutet, dass sie die allerschönste Torte bekommt. So richtig stimmt Mamas Rechnung zwar nicht, denn sie backt ja im restlichen Jahr noch für Papa und Oma und Opa und sich selbst Geburtstagstorten. Mindestens.

Auf einmal ist ganz leise etwas vor der Zimmertür zu hören und gleich darauf fliegt sie auch schon auf und Lilly, Mama und Papa spazieren laut singend wie eine ganze Geburtstagsparade herein. »Zum Geburtstag viel Glück, zum Geburtstag viel Glück …« Lilly schiebt den

Servierwagen aus der Küche mit Blumen und den beiden Torten voller Kerzen (zwei Mal neun Kerzen, was wirklich eine Menge ist) und Mama und Papa sind bis unters Kinn mit bunten Geschenkpaketen bepackt.

»Herzlichen Glückwunsch zum Geburtstag!«, rufen sie und dann gibt es eine Geburtstagsumarmerei und Geburtstagsküsserei, dass einem schwindlig wird.

Danach pusten Ida und Lennart aus voller Kraft die Kerzen auf den Torten aus. Denn das Drittschönste an Geburtstagen (neben Geschenken und der Feier) ist, dass man sich beim Kerzenausblasen was wünschen darf. Was natürlich absolut geheim bleiben muss, damit es in Erfüllung geht.

»Wenn ihr nicht gleich anfangt, pack ich die Geschenke für euch aus«, drängelt Lilly, die nicht versteht, wie man so lange damit warten kann.

»Wehe!«, tönt Lennart. »Platz da!« Er schnappt sich das allerkleinste Paket. Denn wenn man schon neun ist und groß genug für ein Handy, könnte genau darin das wichtigste Geschenk sein. Mit einem *Ratsch* reißt er das Geschenkpapier ab.

Ida will ihre Geschenke lieber ganz langsam aufmachen, damit man mehr von der Vorfreude

hat. Aber weil sie natürlich nicht die Letzte sein will, macht sie es wie Lennart mit einem *Ratsch*.

»Ein Handy!«, jubelt Lennart da auch schon und springt wie von Hummeln gejagt in seinem Bett herum. »Ich glaub, ich pack's nicht … ein Handy!«

Ida hat irre Herzklopfen, als auch sie eine kleine Schachtel mit einem Handy aus dem bunten Papier holt. »Jetzt haben wir auch eins«, sagt sie strahlend.

»Die sind von Oma und Opa«, erklärt Papa. »Ich muss mal ein ernstes Wörtchen mit ihnen reden. Ihr seid doch noch viel zu klein für Handys.«

»Zu spät, ich geb meins nicht mehr her«, verkündet Lennart und grinst von einem Ohr zum anderen. Als Papa auch grinst, ist klar, dass er Ida und Lennart nur aufgezogen hat.

»Es gibt eine Bedingung«, sagt Mama. Dabei hebt sie ihren Zeigefinger, dass man gleich weiß, wie ernst es ist. »Die Handys sind nur für Notfälle.«

Das versprechen Ida und Lennart hoch und heilig, denn schon jetzt fallen ihnen mindestens zehn Notfälle ein, wobei es echt schade ist, dass Handys in der Schule verboten sind.

»Attacke!«, brüllt Lennart und sie machen sich über die anderen Geschenke her: ein Paar Inliner für jeden, weil sie aus den alten herausgewachsen sind, ein ferngesteuerter Hubschrauber für Lennart, ein Experimentierkasten mit Mikroskop für Ida und als Letztes noch einen Aquarellfarbkasten mit Pinsel für jeden.

Zufrieden hocken Ida und Lennart inmitten ihrer Geschenke. Nur Lilly schmollt ein bisschen. Sie findet es furchtbar ungerecht, dass Ida und Lennart beide Geburtstag haben dürfen und sie selbst erst viel später.

»Guck mal, Lilly-Spatz«, sagt Papa und hält auf einmal ein kleines weißes Plüscheinhorn in der Hand. »Das ist für dich, für arme Nichtgeburtstagsgeschwister.«

Lilly runzelt die Stirn und jetzt könnte man vielleicht meinen, dass sie gleich ein Riesentamtam veranstaltet, weil sie auch ein großes Geschenk will. Aber Lilly schnappt sich das Einhorn und krabbelt in Idas Bett damit. »Du bist aber ein schönes Einhorn«, wispert sie. »Viel besser als so ein dummes Handy, gell.«

Und weil es an Geburtstagen richtig gemütlich zugeht und man alle Zeit der Welt hat, sitzen sie um eins immer noch zusammen am Frühstückstisch. Das heißt, Ida und Lennart rauschen mit den neuen Inlinern um den Frühstückstisch herum. Da ist es nur gut, dass sie im Erdgeschoss wohnen und unter ihnen nichts als der Keller ist.

Auf einmal klingelt es Sturm.

»Hoffentlich ist das nicht Herr Schlussnuss, der sich beschweren kommt«, seufzt Papa.

»Heute lassen wir nur nette Menschen rein!«, kichert Ida und rollt mit Lennart zur Tür. Als sie aufmachen, warten dort Bruno, Malte und Ella.

»Alles Gute zum Geburtstag!«, rufen sie im Chor.

Da klingelt es schon wieder. Ida drückt den Türsummer und Bini, Max und Hanna stürmen ins Haus.

»Alter, ihr habt ja noch eure Schlafanzüge an«, kichert Bruno, als hätte er Ida und Lennart noch nie so gesehen. »Pyjamaparty!«, johlt Malte. »Soll ich meinen auch noch schnell holen?«

»Bloß nicht«, raunzt Lennart. »Das ist Mädchenkram.«

»Ihr seid eine Stunde zu früh«, erklärt Ida. »Die Party fängt erst um zwei an.«

»Zufällig ist es genau zwei«, verkündet Max und hält Lennart und Ida seine Armbanduhr vor die Nase.

In diesem Moment fasst sich Idas und Lennarts Mama an die Stirn. »Himmel, es ist ja seit heute Nacht Sommerzeit!«, ruft sie. »Wir haben vergessen, die Uhren umzustellen.«

Dann bricht Hektik aus. Ida, Lennart und Frau und Herr Rosenbaum laufen wie aufgescheucht durch die Wohnung und rufen wild durcheinander. »Der Tisch muss gedeckt werden … schnell, die Girlanden … halb vier müssen wir bei der Rollschuhbahn sein … hat jemand meinen Lieblingspulli gesehen? …«

Und da ist es eigentlich ganz gut, dass alle Gäste schon da sind, weil es viel schneller geht, wenn alle mithelfen. Ella und Max räumen den Frühstückstisch ab und decken ihn für die Kaffeerunde (die genau genommen eine Kakaorunde ist, denn Kinder trinken ja keinen Kaffee). Bruno und Herr Rosenbaum kochen Kakao und schlagen Sahne. Frau Rosenbaum und Hanna hängen noch ein paar Girlanden auf, damit es schön festlich wird, und Bini verpackt eine Tafel Schokolade in Zeitungspapier, denn Schokowettessen gehört zu einem Geburtstag einfach dazu.

»Sommerzeit im Frühling, bei den Großen piept's wohl«, flüstert Lilly ihrem Einhorn kopfschüttelnd zu.

Später, als beide Torten restlos verdrückt und zwei Kannen Kakao leer getrunken sind und Malte fast die ganze Schokotafel beim Wettessen allein verputzt hat, verkündet Herr Rosenbaum, dass sie jetzt zur Rollschuhbahn gehen. Und dass sich alle dort Rollschuhe ausleihen können, außer Ida und Lennart, die natürlich ihre neuen mitnehmen.

»Er meint Inliner«, erklärt Lennart mit einem Grinsen. »Und die Skaterhalle.«

Im Treppenhaus fällt Ida und Lennart ein, dass sie auch die neuen Handys mitnehmen wollen.

»Ausnahmsweise«, sagt Mama. »Weil heute Geburtstag ist. Ab morgen sind die Dinger nur für Notfälle.«

»Wie bei mir«, sagt Ella.

Bruno nickt. »Ich darf meins auch nur für Notfälle benutzen.«

Zusammen verdrehen sie die Augen, wenn es um Handys geht, sind wirklich alle Eltern gleich.

Natürlich ist am Sonntagnachmittag in der Skaterhalle die Hölle los. Wegen acht Leuten können Idas und Lennarts Eltern ja nicht gleich die ganze Halle mieten. Während Ida, Ella, Bini und Hanna längst auf der Bahn sind, müssen die Jungs natürlich noch oberwichtig mit Lennarts Handy herumlaufen und so tun, als würden sie telefonieren. Lennart hält sich das Handy ans Ohr und nickt und sagt immerzu »Ja … ja … mhm … genau … okay …«, obwohl gar niemand in der Leitung ist.

Weil es in echt
ja Geld kosten wür-
de, außerdem fällt ihnen niemand ein, den sie anrufen könnten.
Außer Mama und Papa und Oma und
Opa und das wäre nun wirklich uncool.
Noch dazu sind Mama und Papa mit Lilly
gleich auf dem Spielplatz nebenan.

Die Mädchen haben den Bogen inzwischen
raus und sausen mit einem Affenzahn über
die Bahn.

»Jetzt kommt schon!«, ruft Ella den Jungs
zu. »Oder habt ihr Schiss?«

»Ne, wir hatten noch ein wichtiges
Telefonat!«, trompetet Malte. Aber
weil sich leider bisher niemand
um die Jungs und das
Handy gekümmert

hat, ist ihnen das Telefonieren dann doch zu langweilig. Sie ziehen Inliner, Schützer und Helme an und kommen auf die Bahn.

»Wartet!«, grölt Lennart und dann fahren sie zu viert den Mädchen hinterher.

»Wir fahren ja schon so langsam, wie wir können«, sagt Ella.

»Sollen wir euch etwa an die Hand nehmen?«, fragt Bini.

»Passt bloß auf, mit wem ihr euch anlegt!«, antwortet Max.

»Hui, da haben wir aber Angst«, wiehert Hanna.

»Das solltet ihr auch«, sagt Malte und kichert dabei.

Und weil man an Geburtstagen immer mit Überraschungen rechnen muss …

»Hallo Leute«, dröhnt es in diesem Moment aus dem Lautsprecher, aus dem sonst immer zu hören ist, dass man nicht drängeln soll oder dass Kettenfahren verboten ist oder dass der Skaterpark bald schließt. »Wie manche vielleicht wissen, weihen wir nächstes Wochenende unsere neue Laserlichtanlage mit einer großen Nachtparty ein …«

»Da dürfen wir sowieso nicht hin«, meint Ella. »Man muss mindestens zwölf sein.«

»… doch weil wir heute zwei Ehrengäste haben, machen wir ausnahmsweise schon jetzt eine extra Laserschau«, verkündet die Lautsprecherstimme weiter. »Viel Spaß damit und Happy Birthday, Ida und Lennart!«

Dann geht das Licht aus und sofort leuchtet und strahlt und blitzt und blinkt die Laserschau in allen möglichen Farben, dass man denkt, man wäre mitten in einem riesigen Feuerwerk.

Und dabei spielen sie mit voller Lautstärke *Happy Birthday*, dass es bis in die letzte Ecke der Skaterhalle zu hören ist.

»Alter, die meinen uns!«, ruft Lennart aufgeregt. »Wir sind Ehrengäste!«

»Woher wissen die denn das?«, fragt Ida mit hochrotem Gesicht, weil es schon ein bisschen peinlich ist, den eigenen Namen vor allen über Lautsprecher zu hören.

»Tja«, meint Ella grinsend. »Geburtstagskindern sieht man es einfach an.«

Und wer das nicht glaubt, muss Ida und Lennart jetzt nur mal angucken – sie sehen nämlich so unglaublich froh aus, wie nur Geburtstagskinder aussehen.

April, April! –
und Rache ist Blutwurst!

Ein paar Tage nach Idas und Lennarts Geburtstag hat es tatsächlich noch mal geschneit. Mitten im Frühling, das muss man sich mal vorstellen.

Morgens beim Frühstück brüllt Malte plötzlich: »Guck mal, Ella, es schneit!«

Als Ella zum Fenster geht, kräht Malte auch schon los: »April, April! Ich hab dich drangekriegt!«

»Du bist ein Idiot«, schimpft Ella. Sie ärgert sich, dass sie Malte auf den Leim gegangen ist, wo sie doch die ganze Woche schon an den 1. April denkt. Aber da trudeln auf einmal tatsächlich kleine weiße Flocken an der Scheibe vorbei.

»Hey, es schneit wirklich!«, ruft Ella.

»Ganz klar«, schnaubt Malte und obwohl er eigentlich nicht will, schaut er doch zum Fenster und sieht, dass Ella recht hat.

Ella grinst. »Jetzt hast du mich doch nicht drangekriegt«, sagt sie. »Weil es nämlich gar kein richtiger Aprilscherz ist, wenn es in echt schneit.«

»Du bist doof«, sagt Malte, was er nur sagt, wenn er nicht mehr weiterweiß.

»Es war eher hellsehen«, meint Ella versöhnlich, weil Malte so furchtbar enttäuscht aussieht.

Als sie sich mit Lennart, Ida und Bruno im Hof treffen, scheint die Sonne schon wieder und aller Schnee ist verschwunden. Malte muss natürlich gleich als Erstes allen erzählen, dass er Ella drangekriegt hat. Was ziemlich dumm ist, wie Ella findet, denn jetzt sind die anderen gewarnt und wissen Bescheid, da lässt sich natürlich keiner mehr in den April schicken.

»Wisst ihr was?«, kräht Bruno. »Wir denken uns den weltbesten Aprilscherz aus.«

»Au ja, wir machen was, wovon die Leute noch in Jahren reden«, sagt Ella.

»… was morgen in allen Zeitungen steht«, kichert Malte.

»Mindestens«, meint Lennart.

Dann ist es still, weil irgendwie keinem so richtig etwas einfallen will.

Da kommt ihnen Herr Schlussnuss entgegen, mit dem miesepetrigsten Gesicht, das man sich nur vorstellen kann.

»Mal Schnee, mal Sonne, mal Regen«, brummt er und schüttelt immerzu den Kopf. »Das reinste Aprilwetter ist das.«

»April, April, der macht, was er will«, sagt Lennart und die anderen halten schon erschrocken die Luft an, weil Herr Schlussnuss das vielleicht nicht so nett findet.

»Du hast gut reden, du hast es ja nicht in den Gelenken«, sagt Herr Schlussnuss, als wäre das Wetter Lennarts Idee gewesen.

»Unsere Oma hat es auch in den Gelenken!«, sagt Ida, weil Herrn Schlussnuss das vielleicht freut, wenn er nicht allein auf der Welt damit ist. Sie überlegt einen Moment, ob sie ihm auch noch erzählen soll, dass heute der 1. April ist und es bestimmt sehr lustig wird. Doch da ist er schon weitergegangen.

»Das ist wirklich mal ein hundsmiserables Pech«, stöhnt Lennart.

»Dass es Herr Schlussnuss in den Gelenken hat?«, fragt Bruno und kann gar nicht glauben, dass Lennart ausgerechnet mit Herrn Schlussnuss so großes Mitleid hat.

»Nö«, sagt Lennart grinsend. »Ich mein, dass heute ausgerechnet Sonntag ist und man in der Schule niemanden in den April schicken kann.«

»Bei der 4c hat sich am 1. April mal die ganze Klasse im Klo versteckt«, kichert Ida. »Alle bis auf einen, der hat der Lehrerin gesagt, dass die anderen krank wären.«

»Und einmal hat jemand Badeschaum ins Lehrerklo geschüttet«, wiehert Bruno. »Das hat total irre geschäumt.«

»Mann, wär das cool«, sagt Malte, der das noch nie erlebt hat, weil er ja erst in der ersten Klasse ist. Und dann ist sein erster 1. April ausgerechnet an einem schulfreien Tag, wirklich jammerschade.

»Dann müssen wir eben jemand hier im Holunderweg drankriegen«, sagt Ella.

»Wir werden die Erwachsenen drankriegen«, tönt Lennart.

»Aber nicht Frau Bayer«, meint Malte. »So alt wie die ist, bekommt die sonst noch einen Herzschlag.«

»Ich weiß wen!«, ruft Bruno. Dann flüstert er fast. »Am besten Herrn Schlussnuss.«

Das traut sich aber keiner. Wenn er sich schon über das Aprilwetter beschwert, dann hat er bestimmt auch keinen Sinn für Aprilscherze.

»Oder Nina Süßmilch«, schlägt Ida vor.

»Ida … Lennart!«, ruft es in diesem Moment über den Hof. »Bruno!«

Es sind Brunos Mama und Idas und Lennarts Mama, die ihre Köpfe aus den Fenstern strecken. Was meistens so etwas wie Müll runtertragen oder noch schnell was einkaufen oder auf kleine Schwestern aufpassen bedeutet.

»In Deckung!«, zischt Bruno, doch da ist es schon zu spät, die beiden haben sie entdeckt.

Aber dann ist es gar nichts Schlimmes, sie verkünden bloß, dass sie zu Maltes und Ellas Mama zum Kaffeetrinken gehen.

»Für den Fall, dass ihr uns sucht …«, sagt Idas und Lennarts Mama und zeigt nach oben zur Wohnung der Sonntags.

»Das ist *die* Gelegenheit«, flüstert Ella aufgeregt und die anderen wissen sofort, woran Ella denkt: Alle Mütter auf einem Fleck, das ist die Gelegenheit … für den weltbesten Aprilscherz.

Immer zwei Stufen auf einmal sausen sie zu Malte und Ella hoch. In der Küche hört man die Mütter reden und lachen und mit Tassen und Tellern und Kuchengabeln klappern.

»Wollt ihr auch Kuchen?«, fragt Maltes und Ellas Mama. Doch Malte, Ella, Ida, Bruno und Lennart verschwinden schnurstracks in Maltes Zimmer. Sie müssen beraten, wie sie die Mütter in den April schicken können.

Nach einer Viertelstunde ist der Plan perfekt. Malte reißt seine Zimmertür auf und ruft: »Oh, es hat geklingelt!« So laut, als wären die anderen plötzlich schwerhörig. Dann marschieren sie durch den Flur und Malte reißt die Wohnungstür auf. »Guten Tag, womit kann ich dienen?«, fragt er wieder so laut wie vorhin und so vornehm wie nie, aber das hier ist ja auch ein besonderer Fall.

Währenddessen legt Ida ein großes selbst gemaltes Schild auf die Fußmatte. »April, April!« steht ganz deutlich mit dicken Buchstaben darauf.

»Was ist denn los?«, fragt Maltes und Ellas Mama aus der Küche.

»Draußen vor der Tür steht ein Mann, der sagt, er hätte eine Lieferung mit tausend Eierkartons«, erklärt Ella.

Das gehört alles zum Plan und sie haben ausgemacht, dass Ella das sagt. Weil ihr die Mütter bestimmt am ehesten glauben, sie ist schließlich die Älteste, und die Jungs hätten sicher wieder nur albern gekichert und alles verpfuscht.

»Eine Lieferung mit was?«, fragt Ellas und Maltes Mama. Leider klingt sie kein bisschen so erschrocken, wie in Maltes, Ellas, Idas, Brunos und Lennarts Plan.

»Mit tausend Eierkartons ... also Ostereierkartons«, erklärt Lennart. Das ist ihm eben erst eingefallen. Wirklich genial, schließlich ist bald Ostern und da ist es doch absolut einleuchtend, dass jemand Ostereierkartons liefert.

»Seltsam, ich hab gar nichts bestellt«, überlegt Frau Sonntag.

»Vielleicht hat sich der Mann in der Adresse geirrt«, meint Idas und Lennarts Mama. »Für wen soll die Lieferung sein?«

»Für uns«, sagen Lennart, Bruno, Malte, Ella und Ida wie aus einem Mund.

Tja, und da ist klar, dass der Plan vielleicht doch nicht so perfekt ist. Weil sie gar nicht daran gedacht haben, dass es für drei Mütter ja drei Pakete mit tausend Eierkartons sein müssten und dass der Liefermann dann auch bei jedem einzeln klingeln müsste. Und da wäre der schöne Aprilscherz fast aufgeflogen, würde Ida nicht plötzlich – bevor die Mütter groß nachdenken können – rufen: »Er hat schon überall geklingelt ... das ganze Treppenhaus ist voller Ostereierkartons, das müsst ihr euch anschauen!«

Jetzt sind die Mütter tatsächlich neugierig und gehen endlich, endlich zur Wohnungstür.

»Hallo, das muss ein Irrtum sein ... wir sind ja hier kein Hühnerhof«, sagt Maltes und Ellas Mama, weil sie doch denkt, dass jemand mit tausend Ostereierkartons im Treppenhaus steht. Als sie aber niemanden vor der Tür sieht, stutzt sie verwundert. Da halten es Malte, Lennart, Bruno, Ida und Ella nicht länger aus, und obwohl das Schild auf der Fußmatte liegt, rufen sie selbst auch noch: »April, April!«

Die Mütter gucken zuerst ganz verwirrt, aber als sie es kapiert haben, gackern sie lauthals los, dass man denken könnte, hier wäre doch ein Hühnerhof.

»Na wartet«, sagt Maltes und Ellas Mama.

»Na, wartet«, sagt auch Brunos Mama.

»Rache ist süß!«, meint Idas und Lennarts Mama lachend.

Und dann probieren sie es tatsächlich den ganzen Nachmittag immer wieder: »Herr Kuse fragt, ob ihr mal kurz rüberkommen könnt« oder »Hilfe, hier ist eine riesige Spinne im Bad« oder »Guckt mal aus dem Fenster, Herr Schlussnuss hat sich ein rosa Cabrio gekauft«.

Aber natürlich legt man weltbeste Aprilscherzspezialisten wie Ida, Ella, Bruno, Malte und Lennart nicht einfach so mir nichts, dir nichts rein … zumindest nicht als Erwachsener.

Etwas später klingelt das Telefon und Frau Sonntag, Maltes und Ellas Mama, geht ran. »Ach, hallo Sammy«, sagt sie. »Ja … natürlich … mhm … verstehe, ich richte es aus.« Als sie aufgelegt hat, sagt sie:

»Das war Sammy vom Sportverein, er braucht für den Floh-markt in der Turnhalle heute unbedingt noch einen Tisch.«

»Ausgerechnet von uns?«, fragt Ella misstrauisch.

»Er hat schon überall gefragt, er war ganz verzweifelt, ihr seid seine letzte Hoffnung«, sagt Frau Sonntag. »Ihr könnt den großen Klapptisch aus dem Keller nehmen.«

»Alles klar, Sammy kann auf uns zählen!«, sagt Malte dann. Denn so gut ausgetüftelt kann die Rache der Mütter nun auch nicht sein und das Telefon hat ja wirklich geklingelt.

»Kannst du den Tisch nicht fahren?«, fragt Ella ihre Mama.

»Och, nicht ausgerechnet jetzt, wo wir so gemütlich Kaffee-klatsch machen«, sagt Ellas Mama. »Außerdem braucht man dafür schon einen Anhänger.«

»Wir sind doch keine Weicheier!«, prahlt Lennart. »Wir tra-gen den Tisch, wofür haben wir denn Muckis?«

»Ihr könnt den Bus nehmen«, schlägt Brunos Mama vor.

»Wie peinlich, wir fahren doch nicht mit einem Tisch Bus«, sagt Ida. »Da gehen wir lieber zu Fuß.«

Und so kommt es, dass an diesem Tag fünf Kin-der mit einem Tisch den Holunderweg entlang zum Marktplatz marschieren.

»Das machen wir nur, weil es für Sammy ist!«, erklärt Malte immer wieder. »Sonst würden wir das nie machen!«

Da hält auf einmal Herr Kuse in seinem Auto neben ihnen.

»Ich soll euch was von euren Müttern ausrichten«, sagt er und dabei guckt er so komisch.

»Tisch absetzen!«, kommandiert Bruno.

Herr Kuse holt tief Luft, grinst und sagt: »Ich soll euch ausrichten: April, April!« Dann lacht er schallend los.

»April, April?«, fragt Ella fassungslos.

»Sammy braucht unseren Tisch gar nicht?«, fragt Malte.

Bruno heult auf. »Mann, wie fies! Die lassen uns den Tisch völlig umsonst durch die ganze Stadt schleppen!«

»Blöder Mist«, schimpft Lennart.

»Ich fass es nicht«, stöhnt Ida. »Die haben uns echt drangekriegt.«

Aber dann müssen sie plötzlich alle lachen, denn bei Aprilscherzen kann man einfach nicht lange böse sein.

»Zum Trost fahr ich den Tisch für euch zurück«, sagt Herr Kuse und hebt ihn mit Hauruck auf den Anhänger.

Im Holunderweg werden sie schon von allen Müttern vor dem Haus empfangen.

»Ich versteh das gar nicht«, sagt Malte zu seiner Mama. »Das Telefon hat doch wirklich geklingelt.«

»Ja, und du hast *Hallo Sammy* ins Telefon gesagt«, sagt Ella.

Frau Sonntag lacht. »Schon, aber es war Tante Tanne, die zufällig angerufen hat«, erklärt sie. »Die Arme wusste gar nicht, was los war. Ich hab sie danach gleich zurückgerufen und ihr alles erklärt.«

»Nächstes Jahr könnt ihr euch auf was gefasst machen!«, sagt Lennart. »Rache ist Blutwurst!«

»Rache ist Blutwurst!«, schwören auch die anderen.

Abends sitzen Ida, Ella, Malte, Lennart und Bruno bei Ida und Lennart im Wohnzimmer und spielen Uno. Da stürmt Lilly zur Tür herein. Sie war den ganzen Nachmittag mit Papa bei Oma und Opa und hat im Schrebergarten geholfen.

»Sagt mal, wem gehört eigentlich das Geschenk vor der Tür?«, fragt sie und macht so ein komisches Gesicht dabei.

Da sehen sich alle nur grinsend an und rufen: »April, April!« Denn heute lassen sie sich ganz sicher von niemand mehr in den April schicken.

Als Lennart einen Osterwunschzettel schreiben will, Opa beim Eierausblasen fast platzt und es bei Artjom und Olga nur rote Ostereier gibt

Das Schönste im Frühling ist natürlich, dass alles wieder grün ist und blüht und die Sonne öfter scheint. Aber fast noch schöner ist, dass Ostern vor der Tür steht. Zu Ostern gehören nämlich so viele tolle Dinge, dass man gar nicht weiß, wo man überhaupt anfangen soll. Da ist es ein großes Glück, dass ab heute Osterferien sind, sonst hätte man ja vor lauter Schule viel zu wenig Zeit dafür.

Weil Eltern leider trotz Schulferien manchmal arbeiten müssen, sind heute Oma und Opa gekommen, um mit Lilly, Ida und Lennart Osterlämmer zu backen und Eier zu färben.

»Wir müssen endlich mit den Ostervorbereitungen anfangen«, erklärt Lennart wichtig. Was ausgerechnet aus seinem Mund, wo er doch meistens mit allem zu spät ist, wirklich sehr witzig klingt. »Ob ich am besten schon mal einen Wunschzettel schreibe?«

»Du meinst, so wie zu Weihnachten?«, fragt Ida kichernd, während sie unter Omas Augen die Zutaten für den Teig in die Rührschüssel schüttet. »Du hast vielleicht Ideen.«

»Ach, du liebes bisschen«, sagt Oma und wischt sich die Hände an ihrer Schürze ab. »Und was soll auf dem Wunschzettel draufstehen? Rote Eier, grüne Eier, blaue Eier?«

»Ich brauch unbedingt einen Tacho für mein Fahrrad«, sagt Lennart, dann zuckt er grinsend mit den Schultern. »Woher soll der Osterhase das sonst wissen?«

»Ich wünsch mir Schokolade und eine rosa Glitzerhaarbürste für mein Einhorn«, erklärt Lilly. Sie hat wie Oma eine Schürze an und aus der Bauchtasche guckt, als wäre es ein Känguru-baby, das Einhorn heraus.

»Bei uns gab es früher höchstens mal eine Strumpfhose zum Osternest dazu«, erzählt Oma. »Und die hat dann auch noch furchtbar gekratzt.«

»Ich will lieber keine Strumpfhose«, sagt Lilly und schüttelt entschlossen den Kopf.

»Weißt du was?«, sagt Ida zu Lilly. »Wir schreiben zur Vorsicht einen Oster-Nicht-Wunschzettel.« Dann schaltet sie das Rührgerät an und zusammen, mit ihrer Hand über Lillys Hand, rühren sie den Teig.

»Wo bleiben denn die Eier?«, fragt Oma, nachdem Butter und Zucker schon schön schaumig sind.

Opa hat nämlich vorhin damit geprahlt, dass er die Eier in drei Sekunden ausblasen wird. »Pillepalle«, hat er gemeint und sich den ganzen Eierkarton geschnappt. Jetzt steht er schnaubend und mit hochroten dicken Backen über einen Becher voller Eiweiß und Eigelb gebeugt und sieht aus, als würde er gleich platzen.

»Nur noch eins«, keucht er. »Aber es will einfach nicht.«

»Vielleicht hat es ja Angst vor dir«, meint Ida. »Lass mich mal.«

50

»Nee, das ist Männersache!«, plärrt Lennart, schnappt sich das Ei, holt tief Luft und pustet, so fest er kann, bis der Eiglibber mit einem leisen Pupsgeräusch aus dem kleinen Loch in der Schale zu den anderen in den Becher flutscht. Nur leider drückt Lennart dann vor lauter Kraft das Ei kaputt.

Dann darf Lennart weiterrühren und da hätte er mal lieber auch eine Schürze angezogen, denn als er einen Moment nicht aufpasst, flutscht der Teig über den Schüsselrand und eine ordentliche Portion landet mitten auf seinem Pulli. Was ihn aber nicht besonders kümmert.

»Aus der Bahn«, übertönt Lennart das Rührgerät. »Sonst bekommt ihr auch was ab.«

Oma seufzt. »Wenn du so weitermachst, haben wir am Ende keinen Teig mehr für die Lämmchen.«

»Ich will aber Lämmchen!«, kräht Lilly und sieht Lennart böse an, damit er weiß, dass er besser aufpassen soll.

Am Ende reicht der Teig dann genau für drei Lämmchen. Eins für Lilly, eins für Lennart und eins für Ida. Als die Backformen im Ofen sind, laufen Ida und Lennart schnell in den Schreibwarenladen zu Olga und Artjom, um Eierfarben zu holen.

»Ich passe solange auf die Lämmchen auf«, verspricht Lilly, während sie die Rührhaken abschleckt. »Die Armen müssen die ganze Zeit auf dem Kopf stehen.«

Und das müssen sie tatsächlich, was jeder weiß, der schon mal Lämmchen gebacken hat. Sonst würde ja der ganze Teig aus den Backformen einfach wieder herauslaufen.

Ida und Lennart sehen schon von Weitem, wie Olga im Schaufenster des kleinen Schreibwarenladens kniet und es neu dekoriert. Es sieht wie eine bunte Frühlingswiese aus, auf der Ostereier und kleine Häschen verstreut sind. Das Gras und die

Blumen sind zwar aus Plastik, aber wie soll man bitte schön eine echte Wiese in ein Schaufenster bekommen?

Lennart schiebt die Ladentür auf. »Hallihallo!«, begrüßt er Artjom und Olga.

»Olga, sieh an, wir bekommen Besuch von unseren Lieblingskunden«, sagt Artjom.

»Hallo, wir wollen bitte Eierfarben«, sagt Ida und lässt den Blick im Laden umherschweifen. Sie kann sich an den vielen schönen Sachen, für die sie regelmäßig fast ihr ganzes Taschengeld ausgibt, immer gar nicht sattsehen.

Olga klettert aus dem Schaufenster. »Eierfarben haben wir hier«, sagt sie und führt Ida und Lennart zu einem Regal, in dem eine Menge kleiner Päckchen und Schachteln und Tütchen ordentlich sortiert vor ihnen liegt. »Wir haben Glitzerfarben, Pastellfarben, Eiermalstifte, Färbefolien, Färbetabletten …«

»Also Lilly will bestimmt Glitzerfarben«, meint Ida. »Und ich nehme … die Eiermalstifte.«

»Puuh«, seufzt Lennart verzweifelt. Er hat inzwischen von allen eine Packung in den Händen und kann sich nicht entscheiden.

»Na, wart ihr schon auf dem Frühlingsfest?«, fragt Artjom und deutet auf ein Plakat an der Ladentür, auf dem »Großes Frühlingsfest« steht.

»Ein Frühlingsfest?«, fragt Lennart aufgedreht. »Wann … wo … was … wie?«

»Na, auf dem Festplatz beim Freibad«, sagt Olga.

»Da müssen wir hin«, brüllt Lennart und hüpft wie verrückt umher.

Als Ida ihn kopfschüttelnd ansieht, sagt Lennart: »Auf so eine Information muss man angemessen reagieren.« Was stimmt, denn so ein Fest bekommt man schließlich nicht alle Tage geboten.

»Wir gehen alle hin«, sagt Ida. Sie hat Ella zwar noch nicht gefragt, aber das lässt sie sich bestimmt nicht entgehen. Und Bruno und Malte auch nicht.

Lennart nickt. »Vielleicht gehen wir sogar zweimal hin!« Aber das sagt er nur, weil in diesem Moment Merian aus der Vierten in den Laden kommt und der soll das ruhig denken.

»Ihr seid ja richtig in Feierlaune«, gluckst Olga.

»Kein Wunder, bei all dem Frühling rundherum«, erklärt Ida.

Dann hat auch Lennart seine Eierfarben ausgesucht. »Ich nehme die Färbetabletten«, sagt er. »Das ist babyleicht und geht von allein.«

Ida grinst, weil das mal wieder typisch Lennart ist.

Artjom tippt alles in die Kasse ein. »Acht Euro neunzig, bitte«, sagt er.

»Für Ostern kann man sich das schon mal leisten«, meint Lennart großspurig und legt den Zehneuroschein, den ihnen Oma und Opa dafür extra mitgegeben haben, auf den Ladentisch.

»Großkunden bekommen von uns natürlich ein kleines Ostergeschenk«, sagt Olga und holt ein Körbchen mit grünem Ostergras unter dem Ladentisch hervor, das randvoll mit Eiern ist. Das Seltsame ist, dass alle rot sind und kein einziges in einer anderen Farbe dabei ist.

»Danke«, sagt Ida. »Aber wieso sind die denn alle rot?«

»Das ist in unserer Heimat so«, erklärt Olga und lacht, als sie Idas und Lennarts verblüfftes Gesicht sieht.

Artjom nickt. »In Russland ist nur ein rot gefärbtes Ei ein echtes Osterei.«

Ida mag rot, aber sie findet es trotzdem schöner, wenn man zu Ostern bunte Ostereier hat. Was sie aber nicht sagt, weil das ziemlich unhöflich wäre.

»Eigentlich auch praktisch«, meint sie stattdessen. »Wenn alle Eier die gleiche Farbe haben, muss man nicht lange überlegen, welches man will.«

Beim Hinausgehen zeigt Lennart noch mal auf das Plakat mit dem Frühlingsfest.

»Das wird cool«, sagt er. »Ich fahr mindestens zehn Mal Autoskooter.«

»Ich will Wilde Maus fahren«, sagt Ida. »Mit Ella.«

»Wilde Maus, das traut ihr euch nie!«, posaunt Lennart laut.

»Wetten?«, meint Ida.

Zu Hause haben Ida und Lennart Bruno, Malte und Ella gleich

vom Frühlingsfest erzählt. Alle finden, dass das eine richtig gute Idee ist, und sie wollen unbedingt nachmittags zusammen hingehen. Nachmittags, weil dann die meisten Eltern von der Arbeit kommen. Und, weil Lilly, Ida und Lennart ja erst noch mit Oma und Opa Eier färben wollen und die gebackenen Lämmchen müssen schließlich auch noch mit Puderzucker bestäubt werden.

Oma Rosenbaum hat in der Zwischenzeit schon Eier gekocht. »Ihr könnt gleich loslegen«, sagt sie und zeigt auf einen Topf voller Eier.

»Die weißen sind am besten, da leuchten die Farben so schön«, meint Ida. Sie breitet ihre Eiermalstifte auf dem Küchentisch aus, nimmt sich ein Ei und fängt voller Konzentration an zu malen. Denn jeder, der schon mal Eier bemalt hat, weiß, wie schwierig das ist. Zum einen hat man kaum Platz auf so einem kleinen Ei und zum anderen kann die Schale, wenn man zu fest drückt, schneller zerbrechen als man Rührei sagen kann. »Halt!«, ruft Opa da plötzlich und meint Lennart damit.

Lennart wollte nämlich eben alle Farbtabletten auf einmal zu den Eiern in den Topf werfen.

»Na, so was«, sagt Opa kopfschüttelnd. »Du brauchst doch für jede Farbe eine extra Tasse.«

»Aber ich will bunte Eier«, jault Lennart.

»Aber nicht so«, lacht Oma. »Das gäbe bloß eine braune Brühe.«

Und weil das Eierfärben vielleicht doch nicht ganz so einfach ist, wie Lennart sich das vorgestellt hat, hilft Opa ihm jetzt. Obwohl es ewig lang her sein muss, seit Opa das zuletzt gemacht hat.

56

»Zuerst die Tablette«, liest Opa von der Verpackung ab. »Dann einen Esslöffel Essig, 250 Milliliter Wasser und das noch warme Ei langsam ins Farbbad gleiten lassen …«

Als in jeder Tasse ein Ei im Farbbad versunken liegt, ein rotes, ein gelbes, ein blaues, ein grünes und ein orangefarbenes, sitzt Lennart zufrieden mit verschränkten Armen davor. »So gefällt mir Ostereierfärben«, sagt er grinsend. »Wenn man nur warten muss.«

»Also ich mal lieber«, sagt Ida. Sie zeigt stolz ihr Ei, auf dem ein wunderschöner Schmetterling flattert, und nimmt sich gleich das nächste.

Nur Lilly ist inzwischen auf Omas Schoß eingeschlafen. Denn so viel Lämmchenaufpassen macht ganz schön müde, das kann man sich ja vorstellen. Die Glitzerfarben hat sie solange sicher in der Schürzentasche zusammen mit dem Einhorn verstaut.

Auf geht's
zum Frühlingsfest!

Nachmittags ziehen fast alle aus dem Holunderweg 7 zusammen los, schnurstracks zum Frühlingsfest. Fast alle, das sind Malte, Bruno, Lennart, Ella, Ida und Lilly natürlich und Brunos Mama mit Anna-Baby, Maltes und Ellas Eltern und Herr Rosenbaum. Nina Süßmilch und Klein-Olli sind auch mit dabei, weil sie für so etwas immer zu haben sind. Nur Frau Rosenbaum hat leider Spätschicht und Herr Carducci muss irgendwas am Computer machen.

»Wie schön die Sonne scheint«, sagt Nina Süßmilch gut gelaunt. Sie hat ein rotes Sommerkleid an, das fröhlich im Wind flattert. Ida und Ella wollten eigentlich auch ein Sommerkleid anziehen, weil ein Frühlingsfest eine gute Gelegenheit dafür ist. Aber Jeans sind für Achterbahn und Kettenkarussell einfach viel praktischer.

Auf dem Festplatz ist alles voller Buden und Fahrgeschäfte. Es herrscht ein Wahnsinnsrummel und man kommt vor lauter Leuten fast nicht voran.

»Kommt, wir gucken, was es alles gibt«, sagt Ella. »Dürfen wir alleine los?«

Die Eltern schauen sich unentschlossen an, dann sagt Herr Rosenbaum: »Gut, wir treffen uns in einer Stunde hier am Eingang wieder. Okay?«

Das versprechen Ida, Ella, Lennart, Bruno und Malte hoch und heilig, bevor sie zu fünft losdüsen. Lilly und Klein-Olli bleiben natürlich bei den Erwachsenen, sie fahren ja höchstens Babykarussell.

Man weiß gar nicht, wo man zuerst hingucken soll. Da gibt es das Kettenkarussell, das Haus der Geister, Discofieber, Fluch der Karibik, Breakdance und dann natürlich die Buden mit Süßigkeiten, Losen, Ringewerfen und noch mehr.

»Wahnsinn, da ist der Hot Shot«, erklärt Ella. »Da darf man erst mit vierzehn fahren.«

Alle schweigen beeindruckt, während sie sehen, wie eine Kugel an zwei Gummiseilen mit einem Affenzahn zwischen Himmel und Erde hin- und hersaust.

Weil so ein Frühlingsfest immer eine teure Angelegenheit ist, haben Oma und Opa Rosenbaum jedem zehn Euro geschenkt. Also Bruno, Ella und Malte auch, obwohl die ja gar nicht ihre Enkel sind. Das ist ihr eine Freude, hat Oma gemeint, wo sie doch die besten Freunde ihrer Enkel sind. Was wirklich total nett ist, schließlich haben Oma und Opa Rosenbaum ja nicht im Lotto gewonnen. Mitgehen wollten sie dann aber nicht, weil sie für heute noch Opernkarten haben.

Dann stehen Ida, Ella, Lennart, Bruno und Malte vor der Wilden Maus, der riesigen Achterbahn, wo es einem schon vom Zuschauen schwindlig wird.

»Mann, ist die hoch«, sagt Ella.

Ida nickt nur stumm und auf einmal sind sie sich gar nicht mehr so sicher, ob sie wirklich fahren wollen.

»Hereinspaziert, heute ist Familientag«, säuselt die Frau an der Kasse ohne Pause in ihr Mikrofon. »Heute gibt's alles auf dem Rummelplatz zum halben Preis.«

»Cool!« Bruno stößt Malte und Lennart an. »Dann können wir doppelt so oft fahren.«

»Na, dann los«, sagt Ella und zieht Ida mit sich. Sie kaufen zwei Eintrittskarten und setzen sich schnell in den nächsten freien Wagen. Als sie die Jungs näher winken, schütteln die bloß die Köpfe.

»Fahrt ihr nicht mit?«, fragt Ida.

»Ihr habt doch nicht etwa Bammel?«, fragt Ella.

»Nö, das ist reine Vernunft und Weisheit«, erklärt Lennart.

Da müssen Ida und Ella so was von lachen, denn Vernunft und Weisheit können sie sich bei den Jungs beim besten Willen nicht vorstellen. Da setzt sich der Wagen auch schon mit einem Ruck in Bewegung und fährt mit Ida und Ella auf den Schienen immer höher und höher hinauf.

Als Ella und Ida nach einer Weile wieder am Ausgang auftauchen, sehen sie zwar ziemlich durchgerüttelt aus, strahlen

aber übers
ganze Gesicht.

»Das war so was
von toll!«, japst Ida atemlos.

»So was von cool«, bestätigt Ella.
»Das müsst ihr unbedingt auch machen.«

Aber Bruno, Malte und Lennart beharren darauf, dass sie heute nur Autoskooter fahren wollen und nichts sonst. Darauf haben die Mädchen nur nicht besonders viel Lust.

»Das ist mir zu viel Rempelei«, sagt Ida.

»Wir schauen euch lieber zu«, meint Ella.

»Aber die Rempelei ist doch das Beste!«, trompetet Bruno fassungslos, als hätten Ella und Ida gesagt, sie hätten keine Lust auf Pommes mit Würstchen oder Zuckerwatte.

Am Autoskooter ist die Hölle los. Sie müssen ewig anstehen, und als Lennart endlich an der Reihe ist und bezahlen will, fängt er an, wie verrückt alle Jacken- und Hosentaschen zu durchsuchen.

»Mein Geldbeutel«, jammert er dann. »Er ist weg.« Lennart wühlt ein zweites Mal in seinen Taschen und ein drittes Mal, doch der Geldbeutel bleibt verschwunden.

»Du bist bestohlen worden«, verkündet Bruno unheilvoll.

»Ich hab ihn sicher bloß verloren«, murmelt Lennart. Obwohl es natürlich cooler wäre, beklaut worden zu sein, das ist ja fast schon wie im Krimi.

»Bei so einem Gedränge ist das keine Kunst«, meint Bruno wissend.

»Wer beklaut denn Kinder?«, fragt Ida empört.

Alle nicken betroffen. Noch nie ist jemand von ihnen bestohlen worden. Und jetzt ist die schöne Frühlingsfeststimmung auf einmal auch nicht mehr so schön.

»Ob wir zur Polizei gehen sollen?«, fragt Ella.

»Wir könnten Herrn Schlussnuss fragen«, schlägt Malte vor. »Er war ja mal bei der Polizei, er kennt sich aus.« Aber Herr Schlussnuss sitzt weit weg im Holunderweg in seinem Wohnzimmer und da nützt er ihnen gerade nicht sehr viel. Aber da hat Malte eine richtig gute Idee. »Wir sind doch beste Freunde, oder?«, fragt er.

»Jepp«, bestätigt Ella. »Auch wenn ihr Jungs manchmal ein bisschen doof seid.«

»Selber doof«, braust Bruno auf.

Doch Malte redet schon weiter. »Wir werfen unser Geld zusammen und teilen es auf«, erklärt er. »Dann kann Lennart auch fahren.«

»Ehrensache!«, sagt Ella und das finden die anderen auch, denn dafür sind beste Freunde ja da.

»Das geb ich euch zurück«, sagt Lennart, als sie die Chips für den Autoskooter kaufen. »Ich schwör's!«

Nachdem die Jungs nun auch ordentlich durchgeschüttelt sind und so viel Aufregung und Rummel hungrig macht, gehen sie als Nächstes zum Zuckerwattestand.

»Fünf Mal Zuckerwatte, bitte«, bestellt Ella.

»Groß oder klein?«, fragt der Verkäufer.

»Groß!«, rufen alle auf einmal.

»Wenn's schon nur der halbe Preis ist«, sagt Bruno grinsend.

»Von Zuckerwatte krieg ich nie genug!«, meint Ida und das kann wohl jeder verstehen.

Dazu kaufen sie noch zwei Tütchen gebrannte Mandeln, eins für Brunos Papa und eins für Idas und Lennarts Mama (wenn die Armen schon das Frühlingsfest verpassen, sollen sie wenigstens ein Mitbringsel bekommen).

Weil man mit Zuckerwatte in der Hand natürlich nichts fahren kann, höchstens Riesenrad, spazieren sie einfach nur so zum Gucken über das Frühlingsfest.

Da ruft Bruno auf einmal: »Krass, da ist ein Hau den Lukas.«

Jetzt könnte man natürlich denken, dass da tatsächlich ein armer Lukas gehauen wird. Aber zum Glück heißt Hau den Lukas nur so und ist ein Spiel, bei dem man mit einem dicken Hammer fest auf einen Gummiklotz schlagen soll, damit am anderen Ende ein Teil wie eine Rakete eine Röhre hochflitzt. Und daran, wie hoch das Teil flitzt, kann man ablesen, wie stark man ist. Wenn man es bis ganz nach oben schafft, klingelt sogar eine Glocke, damit alle merken: Aufgepasst: Hier ist der stärkste Mann der Welt!

»Drei Schläge ein Euro«, sagt der Mann, der davorsteht und aufpasst, dass man alles richtig macht.

»Was hat man davon, dass man dafür zahlt, mit einem ollen Holzhammer rumzuhauen?«, fragt Ida.

»Man gewinnt ja nicht mal was«, meint Malte.

»Da können wir sehen, wie stark ich bin«, erklärt Bruno. Er gibt dem Mann einen Euro und schnappt sich mit beiden Händen den großen Hammer und ruft: »Auf die Plätze, fertig, bumm!«

So stark ist Bruno dann aber doch nicht. Beim ersten Mal flitzt der Zeiger grad mal bis zur Hälfte hoch, beim zweiten Mal etwas weniger und beim dritten Mal haut Bruno daneben.

»Das ist ja rausgeworfenes Geld! Das Ding muss kaputt sein«, brummt Bruno und stapft wütend davon.

Weil allen nach der großen Zuckerwatte doch ein kleines bisschen schlecht ist, beschließen sie, bloß Kettenkarussell zu fahren und nichts Wildes. Am Ende reicht das Geld sogar noch für Lose – für jeden eins –, aber natürlich steht auf jedem ganz dick »Leider nicht«. Und dann ist es sowieso Zeit, sich auf den Weg zum Treffpunkt zu machen.

Lilly winkt ihnen schon von Weitem aufgeregt zu. »Ich war Ponyreiten!«, kräht sie stolz. »Ganz allein, ohne Papa, und mein Pferd hieß Blitz und es war ganz schwarz und soooo lieb.« Und weil sie von Oma und Opa natürlich auch Geld bekommen hat, hat sie sich noch einen von diesen großen Gasluftballons gekauft, und zwar – man kann es sich schon denken – ein rosa Glitzerpony, das ein Stück über ihrem Kopf in der Luft schwebt. Papa hat ihr die Schnur ans Handgelenk gebunden, damit es nicht aus Versehen davonfliegt und es dicke Tränen gibt.

Klein-Olli hält in seinem Buggy glücklich ein Windrad mit ausgestrecktem Ärmchen vor sich. Dabei macht er ein Brumm-geräusch und brabbelt zwischendurch immer wieder »Olli Flie-ger« vor sich hin »Olli Flieger«.

Und Anna-Baby schläft fest im Tragetuch an ihre Mama gekuschelt, als würde sie der ganze Rummel ringsum nichts angehen.

Von Lennarts gestohlenem Geldbeutel erzählen sie lieber nichts, nicht dass noch jemand auf die Idee kommt, sie wären zu klein, um allein auf dem Rummel unterwegs zu sein. Doch im Holunderweg erlebt Lennart dann eine Überraschung, denn sein Geldbeutel mit dem Zehneuroschein liegt mitten auf dem Weg vor dem Haus.

»Ich Dödel«, sagt Lennart und schlägt sich vor die Stirn. »Er lag die ganze Zeit hier und hat auf mich gewartet.«

»Und niemand hat ihn genommen«, staunt Bruno.

»Man merkt halt doch, dass hier die Polizei wohnt«, sagt Ida grinsend und zeigt zu Herrn Schlussnuss' Fenster, in dem Mimi und Püppi auf dem Fensterbrett neugierig Wache halten.

»Klarer Fall, jetzt müssen wir noch mal aufs Frühlingsfest«, erklärt Lennart. »Dann gehen wir zweimal, genau, wie ich gesagt hab.«

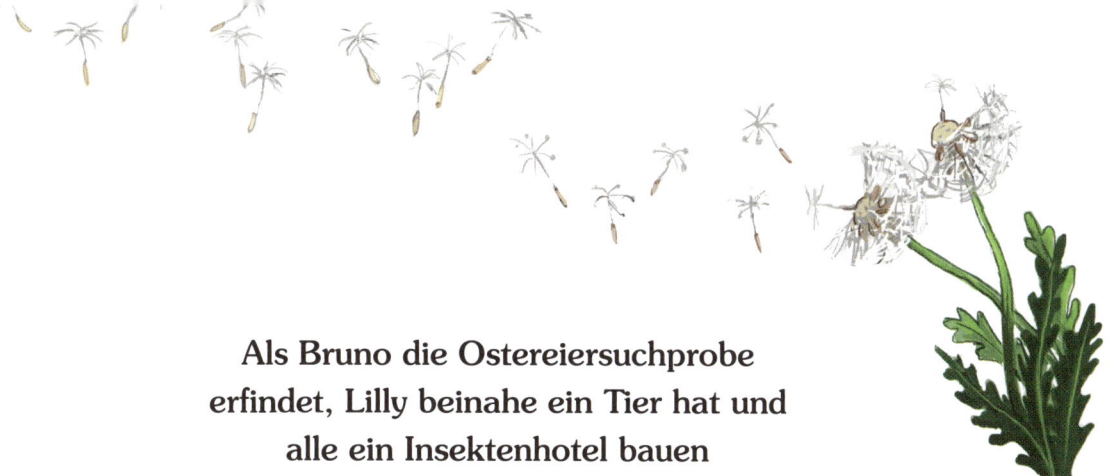

Als Bruno die Ostereiersuchprobe
erfindet, Lilly beinahe ein Tier hat und
alle ein Insektenhotel bauen

Als Ostern immer näher und näher kommt – was man natürlich im Kalender sieht, aber auch an den gebackenen Osterlämmchen und Osterfladen und Körbchen mit gefärbten Ostereiern, die schon fix und fertig bei allen in der Küche warten –, hat Bruno auf einmal eine geniale Idee. Gerade als er denkt, dass er es keinen Tag länger aushält, bis endlich Ostern ist.

»Wir machen eine Ostereiersuchprobe!«, ruft er und strahlt übers ganze Gesicht, weil ihm so etwas Gutes eingefallen ist.

»Eine Ostereier… was?«, fragt Brunos Papa und guckt einen Moment hinter seiner Zeitung hervor, in der er die ganze Zeit schon immer wieder etwas mit Leuchtstift anstreicht.

»Eine Oster…eier…such…probe«, wiederholt Bruno langsam, weil Erwachsene manchmal ein bisschen brauchen, bis sie etwas kapieren.

»Ah, und was soll das sein?«, fragt Brunos Papa, aber da ist Bruno schon aus der Wohnung und durchs Treppenhaus nach unten gerannt, um den anderen davon zu erzählen.

»Und was soll das sein?«, fragt auch Lennart, nachdem sich alle vor der Haustür der Rosenbaums versammelt haben.

»Na, wir verstecken Ostereier und suchen sie dann«, erklärt Bruno ungeduldig. »Damit es am Ostersonntag auch klappt.«

»Eine Generalprobe«, sagt Malte. »Das klingt vernünftig.«

»Dann können wir gleich die besten Verstecke auskundschaften«, meint Lennart.

»Dürfen wir die gefundenen Eier auch essen?«, fragt Ida.

Da müssen alle erst mal überlegen, weil das wirklich eine schwierige Frage ist, da Ostern ja eigentlich erst am Sonntag ist. Bis Lennart schließlich sagt, dass er unbedingt findet, dass sie die gefundenen Eier essen dürfen, weil das natürlich genauso geprobt werden muss. Und das finden alle anderen auch.

»Die Eier holen wir aus dem Super-Kauf«, sagt Bruno. »Da gibt's ganze Berge von Ostersachen.«

»Geht der Osterhase denn in den Super-Kauf?«, fragt Lilly verwundert, die mit großen Ohren alles mit angehört hat. Sie hat die ganzen Ostersüßigkeiten zwar schon oft im Super-Kauf gesehen, doch noch nie darüber nachgedacht.

Da hätten sich Ida und Lennart am liebsten auf die Zunge gebissen. »Ähm … ich glaub, für die Schokosachen schon«, sagt Ida dann. »Die Eier holt er natürlich bei den Hühnern ab und bringt sie dann in seine Werkstatt zum Färben.«

»Aber warum haben wir dann mit Oma und Opa Eier gefärbt?«, bohrt Lilly weiter.

»Du kannst einem aber Löcher in den Bauch fragen«, stöhnt Lennart.

»Da fragst du am besten mal Mama oder Papa«, sagt Ida. »Oder Oma, die wissen so was.«

»Ich glaub, es ist deshalb, weil wir dem Osterhasen bei seiner

Arbeit helfen«, sagt Lilly zufrieden. »Wie soll er es denn sonst so ganz allein schaffen?«

Die Jungs sind in den Super-Kauf geflitzt und haben ein Netz von den kleinen Schokoladeneiern geholt, die in bunte Glitzerfolie gewickelt sind. Die Ostereiersuchprobe ist dann im Hof und dort machen sie es so, dass immer einer die Eier versteckt und die anderen suchen, damit es auch geheim ist.

»Ich zuerst«, kräht Bruno. »Ich weiß die besten Verstecke!«

Lennart, Malte, Ella und Ida gucken so lange weg, bis Bruno »Fertig!« ruft, dann flitzen sie los.

»Ich hab eins!«, ruft Ida und angelt ein blaues Ei aus einem Blumentopf.

»Ich auch«, sagt Malte und schnappt sich ein goldenes von der Kellertreppe.

Lilly findet ein rotes Ei in den Sträuchern neben dem Fahrradschuppen, Ella eins auf einem Fensterbrett und Lennart eins im Sandkasten.

Es geht genau auf: Jeder darf einmal verstecken und fünf Mal suchen, dann ist das Netz leer und alle Eier sind aufgegessen.

»Jetzt halte ich es bis Ostern ohne Schokolade aus«, sagt Lennart. »Also vielleicht.«

Da erschrickt Bruno. »Ich Dummi«, sagt er und sieht auf einmal ganz unglücklich aus. »Bei uns essen wir doch bis Ostern nichts Süßes wegen dem Fasten.«

»Auweia«, sagt Ida. Denn Brunos Eltern sind ja total nett, aber schon etwas strenger als die anderen Eltern.

»Vielleicht zählt es ja nicht, weil du es aus Versehen gemacht hast«, überlegt Malte.

»Du könntest ab heute Ärgerfasten machen«, sagt Lennart. »Wie wir.«

Zuerst weiß niemand von den anderen, was das sein soll, bis Lennart erklärt: »Frau Kusell in der Schule hat gesagt, ob wir uns in der Fastenzeit nicht weniger ärgern wollen, weniger schlechte Laune haben und netter zu allen sein wollen.«

»Wobei das bei uns eigentlich gar nicht geht«, kichert Ida.

»Hä, warum denn nicht?«, fragt Bruno erstaunt.

Ida verdreht die Augen und lacht. »Na, weil wir doch schon die nettesten Kinder überhaupt sind!«

Da müssen alle anderen auch lachen und Bruno verkündet, dass er ab heute ebenfalls beim Ärgerfasten mitmacht.

Nur Lilly hat davon nichts mitbekommen, sie hockt immer

noch vor den Sträuchern neben dem Fahrradschuppen und stöbert im Gebüsch herum.

»Lilly, du kannst aufhören zu suchen«, sagt Lennart. »Da sind keine Eier mehr versteckt.«

Lilly hebt den Kopf. »Ich hab ein Tier!«, kräht sie. »Ich hab ein Tier!« So laut, dass jedes Tier bestimmt schon längst Reiß-aus genommen hätte.

»Ist es vielleicht der Osterhase?«, kichert Ella.

»Oder ein Huhn!«, ruft Lennart und gackert und wedelt mit den Armen in der Luft herum, als wäre er selber ein Huhn.

»Ollerquatsch, jetzt guckt doch mal!«, ruft Lilly. »Ganz weich … und jetzt macht es Kacka, wie süüüß.«

Da werden die anderen doch neugierig und wollen wissen, was das für ein Tier sein soll, das Lilly da gefunden hat. Und weil Lilly so laut gerufen hat, kommt auch Lillys Papa nach draußen geflitzt, um nachzusehen, was so Wichtiges passiert ist. Im Halbkreis stehen alle um Lilly herum, die ganz vorsichtig eine kleine knubbelige hellbraune Raupe auf ihrer Hand hält.

»Sie heißt Raupi«, sagt Lilly sanft. »Ich will sie behalten.«

»Lilly-Spatz, du kannst die Raupe jetzt ein bisschen in deiner Becherlupe beobachten«, sagt Lillys Papa. »Dann bringen wir sie dorthin zurück, wo du sie gefunden hast.«

Lilly kneift die Augen zusammen und guckt ihn böse an. Dann fängt sie herzerweichend an zu schniefen und versteckt die Raupe hinter ihrem Rücken. »Du bist gemein, Raupi ist mein erstes eigenes Tier und du willst … dass ich sie aussetze!«

»Aber Lilly«, versucht Papa Lilly zu beruhigen. »Das ist doch kein Aussetzen, Raupen sind in der Natur zu Hause.«

»Raupi und ich sind Freunde!«, jault Lilly auf und schnieft noch mehr.

»Zeig mal, Lilly«, sagt Bruno da so lieb, wie er sonst nur mit Anna-Baby, seiner kleinen Schwester, redet. »Die ist aber wirklich schön.«

Lilly nickt und wischt sich mit dem Ärmel über die Nase. »Raupi mag dich«, erklärt sie, weil Bruno scheinbar auf ihrer Seite ist.

»Ich mag Raupi auch«, meint Bruno. »Ob sie mir mal zeigt, wo sie wohnt?«

Lilly runzelt die Stirn und sieht Bruno misstrauisch an. »Willst du auch, dass ich sie aussetze?«

Bruno zuckt mit den Schultern. »Na ja«, sagt er. »Mit einer Raupe kann man ja nix machen.«

In diesem Moment taucht Nina Süßmilch im Hof auf, mit einem Wäschekorb unter dem einen Arm und Klein-Olli im anderen.

»Was macht ihr denn da Schönes?«, fragt sie und stellt den Wäschekorb unter der Wäschespinne ab, bevor sie nachgucken kommt, was es so Spannendes im Gebüsch zu sehen gibt. »Sucht ihr schon Osternester?«

»Nee, ich hab ein Tier«, sagt Lilly und zeigt Nina die Raupe.

»Puh, ich dachte schon, ich hätte mich im Kalender vertan«, sagt Nina lächelnd. »Stellt euch vor, der arme kleine Olli verpasst Ostern, weil ich es verschussle.«

»Das ist Raupi und wir sind Freunde«, sagt Lilly in der Hoffnung, dass Nina versteht, dass Lilly Raupi unbedingt behalten muss.

»Hallo Raupi«, sagt Nina. »Na, was wirst du wohl mal für ein hübscher Schmetterling werden?«

»Das ist doch kein Schmetterling«, sagt Lilly. »Das ist eine Raupe.«

»Stimmt, jetzt ist Raupi noch eine Raupe«, sagt Nina. »Sie muss noch ganz viel fressen und dann verpuppt sie sich, damit sie nach einiger Zeit ein richtig schöner Schmetterling oder Falter werden kann.«

»Erinnerst du dich noch an die Geschichte von der Raupe, die jeden Tag ganz viel gefressen hat und am Ende ein bunter Schmetterling geworden ist?«, fragt Ida. Sie haben das Bilderbuch bestimmt hundertmal zusammen durchgeblättert.

»Klar, weiß ich: Pflaumen und Kuchen und Eis hat sie gefressen«, betont Lilly. »Raupi bekommt von mir auch ganz viel Eis.«

»Hm, aber ich glaub, Raupi gefällt es im Freien besser als in einem engen Glas auf dem Fensterbrett«, sagt Lillys Papa. »Und wenn sie dann ein schöner Schmetterling geworden ist, kann sie hier draußen auch gleich ihre neuen Flügel ausprobieren.«

Lilly nickt langsam, weil sie sich so ein Leben in einem engen Glas auf dem Fensterbrett auch ziemlich traurig vorstellt. Außerdem hat sich Raupi in den letzten Minuten keinen Millimeter mehr bewegt, nur noch ein paar kleine schwarze Köttel in Lillys Hand gemacht. Und streicheln kann man so eine Raupe auch nicht, weil man sie sonst vielleicht zerdrückt.

»Schon gut, ich lass sie frei«, murmelt Lilly. »Komm, Raupi, wir suchen dir ein leckeres Blatt, wo du wohnen kannst.«

»Große, große Lilly«, sagt Ida und legt den Arm um Lilly, weil Lilly dann doch eine klitzekleine Träne über die Wange kullert.

»Jetzt wirst du groß und stark und ein schöner Schmetterling«, sagt Lilly zu Raupi und kuschelt sich an Ida.

»Ich hab eine Idee«, sagt Nina. »Wir bauen zusammen ein Insektenhotel. Was haltet ihr davon? Dann bekommt Raupi viele neue Mitbewohner hier im Hof und wir auch.«

»Ein Insektenhotel«, kichert Malte. »So mit Übernachten und Frühstück?«

»Es ist so was Ähnliches wie ein Vogelnistkasten«, erklärt Nina. »Nur dass ein Insektenhotel eben für Insekten ist und viele, viele kleine Zimmer hat.«

»Guten Tag, Frau Hummel. Sie haben reserviert?«, säuselt Lennart. »Da hätten wir ein sehr schönes Zimmer mit Blick auf die Regentonne.«

Da muss sogar Lilly wieder lachen.

»In der Stadt finden Insekten kaum Plätze, an denen sie ungestört nisten können«, erklärt Nina weiter.

»… und wir helfen ihnen und bauen bei uns im Hof ein Zuhause für sie«, ruft Malte.

»Wir säen ganz viele Blumen«, sagt Ella. »Dann haben sie genug fürs Frühstück.«

»Raupi will bestimmt auch ins Insektenhotel«, meint Lilly glücklich.

»Klar, jeder ist willkommen«, sagt Nina Süßmilch.

Lilly nickt zufrieden. Natürlich ist ein Insektenhotel nicht dasselbe wie ein eigenes Tier zu haben, aber für den Anfang ist es in Ordnung. Außerdem haben sie ja auch noch Mümmel und Krümel, Brunos Kaninchen, und Mimi und Püppi, Herrn Schlussnuss' Katzen. Und wer weiß, vielleicht bekommt Lilly ja eines Tages doch ein eigenes Kaninchen oder ein Kätzchen oder sogar einen Hund.

Da stapft Hausmeister Kuse in den Hof, mit einer großen Dose voller bunter Plastikeier in der Hand, als wäre er die Vertretung vom Osterhasen persönlich.

»Ich will den Forsythienbusch für Ostern schmücken«, erklärt er. »Mag mir jemand helfen, die Eier an die Äste zu hängen?«

»Ich helfe dir!«, ruft Lilly aufgedreht. »Aber weißt du, zuerst müssen wir noch ein Raupen-und-Insekten-Hotel bauen.«

Und als sie Herrn Kuse die Sache mit Raupi und dem Hotel und den vielen armen Insekten ohne Wohnung erklärt haben, ist er sofort mit dabei.

»Ich fahre sowieso gleich noch zum Baumarkt«, sagt er. »Schreibt mir eine Einkaufsliste, dann bringe ich alles mit, was wir dafür brauchen.«

»Und solange schmücken wir den Forsythienbusch«, verspricht Ida.

»Ja, und danach bauen wir das Insektenhotel«, verkündet Lennart.

»… und säen Blumen für unsere Hotelgäste«, sagt Ida.

»Ist es nicht schön, dass wir immer so viel zu tun haben?«, fragt Bruno.

»Ja«, seufzt Herr Rosenbaum lachend. »Mit euch wird einem nie langweilig.« Dann nimmt er Lilly auf seine Schultern, damit sie ganz hoch oben Ostereier an den Forsythienbusch hängen kann.

Als alle zum Osterfeuer gehen, im Hof Osternester suchen und Herr Schlussnuss Besuch vom Osterhasen bekommt

Dann ist endlich Ostern und mitten in der Nacht, als normalerweise noch alle schlafen (also außer Bäckern und Krankenschwestern und ein paar anderen Menschen), steht auf einmal Mama an Ellas Bett und rüttelt sie sanft.

»Ella-Mäuschen, aufstehen«, hört Ella leise Mamas Stimme. Irgendwie fühlt es sich an, wie an den Tagen, wenn sie so früh aufstehen, weil sie ganz weit weg in den Urlaub fahren und nicht gleich in einen Stau kommen wollen.

»Was'n los?«, murmelt Ella, doch da weiß sie es schon. Diesmal ist es nicht wegen Urlaub, sondern wegen Ostern und dem Osterfeuer vor der Kirche. Das fängt nämlich schon um fünf Uhr morgens an. Weil das Feuer noch viel schöner leuchtet, wenn es außen herum dunkel ist, und dass es schön ist, ist wichtig, weil es ja an die Auferstehung Jesus' erinnert.

Malte, die alte Schlafmütze, hat sich einfach wieder umgedreht, als Mama ihn geweckt hat, und liegt immer noch im Bett.

»Wenn du jetzt nicht aufstehst, verpasst du noch das ganze Osterfest«, meint Ella. »Dann denkt der Osterhase am Ende, dass du gar kein Osternest magst.«

Das wirkt. Malte wühlt sich blitzschnell aus dem Bett. »Aus der Bahn!«, ruft er und flitzt ins Bad.

Zwanzig Minuten später machen sie sich auf den Weg. Bei Ida und Lennart in der Wohnung unten brennt kein Licht, bestimmt sind sie schon im Kirchhof beim Osterfeuer und haben die besten Plätze ganz vorn. Bei Bruno brennt auch kein Licht, er ist nämlich schon am Freitag mit seinen Eltern und Anna-Baby nach Rom geflogen, um bei seiner Oma Ostern zu feiern.

Vor lauter Beeilen hätte Malte fast sein Osterkörbchen mit den Eiern vergessen, das er vom Pfarrer weihen lassen will, und weil sie so spät dran sind, fahren sie lieber mit dem Auto.

»Himmel, es gibt keinen einzigen freien Parkplatz«, seufzt Papa, doch dann finden sie schließlich noch einen um die Ecke. Im Laufschritt, die Osterkörbchen fest an sich gedrückt, flitzen sie zum Kirchhof. Er ist voller Menschen und der Pfarrer begrüßt eben alle und erzählt etwas über Jesus und das Licht, das er in die Welt gebracht hat und das sie das heute feiern wollen.

Ella reckt den Kopf, um nach Ida und Lennart Ausschau zu halten, und gerade, als das Feuer angezündet wird, entdeckt sie die beiden auf der anderen Seite. Daneben stehen Idas und Lennarts Eltern und Lilly sitzt hoch oben auf den Schultern ihres Papas. Ella winkt wie wild, damit Ida sie auch sieht, und leise schlängeln sie sich an den Leuten vorbei bis zu ihnen durch.

»Guck mal, wie schön«, sagt Ida und zeigt auf das Osterfeuer, das vorhin noch ein ziemlich kleines Feuer war, und dessen Flammen jetzt bis weit in den dunklen Himmel hinauf lodern.

»Ich wäre ja lieber im Bett geblieben«, sagt Lennart cool.

»Ich hab's versucht«, sagt Malte. »Aber eine gewisse Nervensäge hat dermaßen viel Lärm gemacht, dass ich direkt aus dem Bett gefallen bin.«

Mit *Nervensäge* meint er natürlich Ella, was Lennart sofort errät. Lachend zeigt er auf Ella, doch dabei gibt er ihr aus Versehen einen Schubs und prompt fällt eins der Eier aus ihrem Körbchen. Es landet mit einem fiesen *Knacks* auf dem Boden und hat nun eine angeditschte Stelle.

»Oh nee, das wollt ich nicht«, sagt Lennart erschrocken. »Willst du eins von meinen Eiern?«

»Nee, lass mal!« Ella schüttelt den Kopf, denn auf Lennarts Eiern sind allesamt Minecraft-Männchen gemalt und das findet sie nun wirklich nicht besonders österlich. »Ausgerechnet das mit dem Entenküken«, jammert Ella, während sie das Ei so in den Korb zurücklegt, dass man die Stelle nicht sieht. Das arme Ei kann ja nichts dafür und der Pfarrer weiht bestimmt auch angeditschte Eier und danach wird es sowieso gegessen.

So ein Feuer frühmorgens, wenn es noch dunkel ist, ist wirklich was Besonderes. Natürlich gibt es hier im Viertel oft mal ein Feuer, zum Martinstag oder zur Sonnenwende, aber das Osterfeuer ist schon das schönste. Es ist so gemütlich und man friert kein bisschen, was ja im Frühling um fünf Uhr morgens durchaus sein kann. Dabei erzählt der Pfarrer die Ostergeschichte, die alle eigentlich längst auswendig kennen, aber irgendwie wäre Ostern ohne Osterfeuer und Ostergeschichte nicht Ostern, denkt Ida. Dann muss sie grinsen, und natürlich auch nicht ohne Osternester.

Als der Pfarrer die große Osterkerze am Feuer anzündet, dürfen sich alle eine eigene kleine Osterkerze nehmen und sie an der großen anzünden. Nach und nach leuchten überall um das große Osterfeuer herum viele kleine Osterfeuer. In diesem Moment geht am Horizont die Sonne auf, was so schön aussieht, dass nicht mal Lennart vor lauter Staunen irgendein Blödsinn einfällt. Danach weiht der Pfarrer alle mitgebrachten Osterkörbchen, auch Ellas angeditschtes Ei, und wünscht allen *Frohe Ostern*.

Ida zupft Lilly am Ärmel. »Hey, ob der Osterhase gerade unsere Nester versteckt?«, fragt sie.

Lilly überlegt. »Natürlich«, sagt sie dann. »Weil er es doch heimlich machen muss, wenn wir ihn nicht sehen können.«

»Ich glaub ja, der Osterhase hat bis jetzt geschlafen und sitzt gerade gemütlich beim Frühstück«, meint Malte und als er das Wort *Frühstück* sagt, knurrt zur Antwort laut und für alle hörbar sein Magen.

Darüber müssen alle lachen, weil inzwischen nämlich alle einen Bärenhunger haben. Schließlich hat heute noch niemand etwas gegessen, und da passt es doch gut, dass der Pfarrer sagt, dass er schon Kakao und Kaffee gekocht hat und dass alle eingeladen sind, jetzt und hier zusammen zu frühstücken.

Und das ist dann richtig gemütlich, am Feuer die ganzen leckeren Sachen aus den Osterkörbchen zu essen: Osterfladen mit roter und mit gelber Marmelade, gebackene Osterlämmchen mit Puderzucker, bunte Ostereier und Osterschinken und natürlich Saft, Kaffee und Kakao.

Als niemand auch nur noch ein Krümelchen verputzen kann, machen sie sich auf den Heimweg, um endlich, endlich nachzuschauen, ob der Osterhase schon bei ihnen zu Hause war. Inzwischen ist es richtig hell geworden und das Feuer nur noch ein kleines Häufchen Glut.

Im Holunderweg wartet Tante Tanne auf der Stufe vor der Tür auf sie.

»Meine Güte, Tanne, ich dachte, du kommst erst später«, sagt Mama und nimmt Tante Tanne in den Arm. »Du bist ja ganz durchgefroren.«

»Ich habe eine Mitfahrgelegenheit gehabt, das ging schneller als mit dem Zug«, erklärt Tante Tanne.

»Ich mach dir einen Tee zum Aufwärmen«, meint Maltes und Ellas Papa und will schon ins Haus.

»Ach was, mir geht's gut«, sagt Tante Tanne, dann grinst sie Malte, Ella, Lilly, Ida und Lennart an. »Außerdem glaube ich, dass es jetzt allerhöchste Zeit ist, nachzuschauen, ob der Osterhase schon da war!«

Weil Erwachsene bei solchen Sachen ja irgendwie immer eine gute Vorahnung haben, laufen sie wie der Blitz in den Hof.

Maltes Papa erklärt, dass der Osterhase für jeden ein Nest versteckt hat. »Schaut nach, ob euer Name draufsteht«, sagt er.

»Wenn ihr ein Osternest findet, auf dem ein anderer Name steht«, sagt Herr Rosenbaum, »müsst ihr das Versteck geheim halten und so tun, als hättet ihr nichts gesehen, und nach eurem Nest weitersuchen.«

»Aber ich kann doch noch gar nicht lesen«, sagt Lilly erschrocken.

»Bei dir ist eine Sonne darauf – gemalt, Lilly-Spatz«, sagt Lillys Mama.

»Woher weißt du denn das?«, fragt Lilly, aber da fegt sie auch schon mit den anderen über den Hof, um nach ihrem Osternest zu suchen. Sodass sie gar nicht sieht, wie Mama bei ihrer Frage ein kleines bisschen rot im Gesicht geworden ist.

Da stößt Lennart einen gewaltigen Jubelschrei aus. »Ich hab eins gefunden!«, plärrt er. »Mein Osternest … es steht auch mein Name drauf!« Und schon schleppt er ein Nest mit einem riesigen Schokoladenosterhasen, einer Menge Süßem, vielen bunten Ostereiern und einem kleinen Päckchen in Geschenkpapier an.

»Das ging ja schnell«, sagt Ella zu Ida. »Lennart hat immer so ein Glück.«

»Aber ein bisschen hat er auch Pech«, sagt Ida. »Weil er ja jetzt schon fertig ist mit der ganzen schönen Sucherei.«

Und das stimmt. Eigentlich ist das Suchen nämlich fast noch schöner als die Nester. Oder zumindest gleich schön. Ach, an Ostern ist einfach alles so schön.

Als Nächstes findet Ella ihr Osternest und kurz darauf Lilly. Aber Lillys Nest war auch nicht so schwierig versteckt, weil sie ja erst vier ist. Das ist echt nett vom Osterhasen, dass er es einfach in Raupis Gebüsch gestellt hat.

»Eine kleine rosa Glitzerbürste für mein Einhorn und eine große für mich!«, kräht Lilly da auch schon glücklich. »Wie der Osterhase das nur gewusst hat?«

Malte und Ida finden ihr Osternest als Letzte und fast zur selben Zeit, womit ja eigentlich keiner der Letzte ist, aber das spielt an Ostern sowieso keine Rolle.

Natürlich sind in allen Nestern ein Osterhase, eine Menge Süßes und bunte Ostereier, so muss ein Osternest ja sein. Aber dann gibt es bei jedem noch ein kleines Geschenk dazu. Lennart hat tatsächlich einen kleinen Tacho für sein Fahrrad bekommen und in Maltes Nest ist eine Trinkflasche mit Monstern drauf. Ella und Ida haben jede ein Federmäppchen mit Pferdemuster und einem kleinen silbernen Hufeisen am Reißverschluss bekommen. Total süß.

»Da ist es fast schade, dass Ferien sind und man es den anderen nicht zeigen kann«, sagt Ella, aber das meint sie natürlich nicht ernst. Wer tauscht denn schon Ferien gegen Schule?

»Ich nehm meine Trinkflasche gleich morgen zu einem Fahrradausflug mit«, sagt Malte. »Die ist ja nicht bloß für die Schule.«

»Cool, ein Fahrradausflug«, tönt Lennart. »Da bin ich dabei!« Und dann will er seinen neuen Tacho natürlich gleich ans Fahrrad bauen.

Nur Lilly sagt nichts. Sie sitzt im Gras, summt zufrieden vor sich hin und bürstet abwechselnd ihrem Einhorn die Mähne und sich selbst die Haare.

Jetzt hätte man natürlich gedacht, dass Herr Schlussnuss bei so einem fröhlichen und ausgelassenen Osternestersuchen schon längst in den Hof gestürmt wäre und gefragt hätte, was das denn so früh am Sonntagmorgen soll, wo doch andere Menschen noch friedlich schlafen wollen. Doch bis jetzt hat er nur sein Fenster zum Lüften aufgemacht, damit Mimi und Püppi etwas Frühlingsluft schnuppern können.

»Zu Ostern ist sogar Herr Schlussnuss froh«, meint Tante Tanne.

»Eigentlich tut er mir ein bisschen leid«, sagt Ella. »Weil er immer so muffelig sein muss.«

»Muss er ja gar nicht«, sagt Lennart und grinst. »Von mir aus kann er ruhig nett sein.«

»Wisst ihr was?«, sagt Malte. »Wir legen ihm einfach auch ein kleines Osternest vor die Tür.«

Kurz darauf liegt vor Herrn Schlussnuss' Haustür ein kleines Nest aus Heu mit drei Eiern darauf, eins für Herrn Schlussnuss, eins für Mimi und eins für Püppi. Auch wenn Katzen vielleicht gar keine Ostereier essen. Und weil Herr Kuse auch nicht leer ausgehen darf, bekommt er ebenfalls ein kleines Nest vor seine Tür gelegt. Gesehen hat den Osterhasen dabei natürlich niemand.

Als Ella, Ida, Lennart, Malte und Lilly ein Oster-picknick veranstalten, ein zweites Mal Osternester finden und Klein-Olli den Osterhasen füttern will

An Ostern ist ja auch immer das Wetter wichtig, weil man so viel draußen ist. Da ist es gut, dass das Aprilwetter sich ausge-rechnet heute für Sonnenschein entschieden hat. Denn Ostern mit Regenschirm, Gummistiefeln und Kapuzen ist nun wirklich nicht sehr österlich.

Während Malte, Lennart, Ida, Ella und Lilly noch ihre Oster-nester plündern, was so viel wie alle Schokolade auf einmal essen bedeutet, kommen zuerst Oma und Opa Rosenbaum und dann Oma und Opa Sonntag an. Weil es total schade wäre, wenn inmitten der ganzen schönen Osterstimmung jetzt Ida, Lennart und Lilly zu ihren Großeltern fahren würden und Malte und Ella zu ihren. Deshalb haben sie letztes Jahr ausgemacht, dass es viel besser ist, wenn die Omas und Opas in den Holun-derweg kommen und sie dann alle zusammen Ostern feiern.

Die Erwachsenen haben einen großen Klapptisch und zwei Klappbänke aus dem Keller geholt und im Hof an die Haus-wand in die Sonne gestellt. Sie verteilen Geschirr auf dem Tisch und die beiden Omas und Opas packen jede Menge leckere Sachen aus.

Oma Sonntag hat ihren weltbesten Quarkzopf mitgebracht, den sie wegen Ostern mit vielen kleinen orangen Marzipankarotten dekoriert hat. Oma Rosenbaum hat aus gekochten und geschälten Eiern kleine Mäuse und Igel und Pinguine gemacht. Die Mäuse haben Ohren aus Radieschenscheiben, die Igel Stacheln aus Mandeln und die Pinguine Flügel aus schwarzen Oliven und einen Schnabel und Füße aus Karottenstückchen. Die Tiere hat sie wie einen kleinen Zoo zwischen frische Kresse auf einen Teller gestellt, was absolut niedlich aussieht.

»Herrje, haben wir da überhaupt alle Platz?«, fragt Oma Sonntag und zählt alle Kinder und alle Erwachsenen durch.

»Kein Problem«, sagt Papa. »Wir holen einfach noch einen Kindertisch.«

»Nö, wir brauchen keinen Tisch«, sagt Ella und schnappt sich fünf Teller aus dem Geschirrkorb. »Wir machen nämlich ein Osterpicknick.«

»Au ja, können wir ein Picknick machen?«, fragt Ida. »Bitte, bitte, bitte!«

»Ist der Boden nicht noch ein bisschen kalt dafür?« Maltes und Ellas Mama sieht Idas, Lennarts und Lillys Mama fragend an.

»Ach, was«, behauptet Tante Tanne. »Die Kinder sind doch keine Weicheier.« Das ist das Gute daran, wenn Tante Tanne dabei ist: Sie weiß genau, was Kindern Spaß macht. Dabei hat sie selber nicht mal welche.

»Wir wollen aber auch keine kranken Kinder in den Ferien«, sagt Herr Rosenbaum.

»Wir werden nicht krank, versprochen!«, sagt Malte und dann legen sie zur Sicherheit zwei Decken aufeinander.

Lennart zieht gleich als Erstes seine Schuhe und seine Socken aus. »Endlich barfuß«, sagt er und wackelt mit den Zehen.

»Was gibt denn das?«, kichert Ella und hält sich die Nase zu. »Bekommen wir jetzt Käsebrot?«

»Meine Füße waren den ganzen Winter über eingesperrt«, erklärt Lennart grinsend. »Die müssen endlich mal wieder an die frische Luft.«

Weil das eine gute Idee ist, haben auch alle anderen in Nullkommanichts keine Schuhe und keine Socken mehr an.

»Wer spielt mit mir Eierditschen?«, fragt Opa Sonntag und setzt sich mit auf die Picknickdecke, obwohl er sich doch gar nicht mehr so gut bücken kann.

Aber im Eierditschen ist er total gut. Das muss man sich mal vorstellen: Opa Sonntag gewinnt wirklich jedes Mal – gegen Ida, Lennart, Malte und Ella – und sein Ei bleibt bis zuletzt heil. Als alle schon denken, dass er vielleicht mogelt und ein Gipsei genommen hat, sagt Lilly, dass ihr Einhorn auch Eierditschen will. Sie hält das Einhorn in der Hand und gleichzeitig ein Osterei, dann holt sie ein kleines bisschen aus und *zack* hat Opas Ei eine Delle.

Opa Sonntag lacht und sagt: »Gegen ein Einhorn hab ich natürlich keine Chance.«

Oma Rosenbaum verkündet, dass sie ein Osterrätsel für alle weiß. »Welcher Vogel legt keine Eier?«, fragt sie.

»Pinguin!«, posaunt Malte gleich heraus.

Ella schüttelt den Kopf. »Pinguine können zwar nicht fliegen, aber sie legen Eier«, sagt sie. »Das haben wir doch im Kino gesehen, wie sie die Eier auf ihren Füßen wärmen.«

Als niemand ein Vogel einfällt, der keine Eier legt, sagt Oma Rosenbaum: »Der Spaßvogel.« Dabei lacht sie selbst fast am meisten über ihren Witz und darüber müssen dann auch die anderen lachen.

Als sie so viel gegessen und getrunken haben, dass das ganze Bauchspeckwegtraining der Jungs und der Papas bestimmt völlig umsonst war, klatscht Tante Tanne auf einmal in die Hände.

»Eierlauf!«, ruft sie und das ist jetzt genau das Richtige. Zu Ostern kann man einfach den ganzen Tag so viele schöne Sachen machen.

»Kinder gegen Erwachsene«, sagt Maltes und Ellas Papa und winkt Maltes und Ellas Mama und Idas, Lennarts und Lillys Eltern zur Startlinie. Da passt es gut, dass es fünf Kinder sind und vier Eltern plus Tante Tanne, also fünf gegen fünf.

»Hier ist die Startlinie«, erklärt Tante Tanne und legt eine Schnur auf den Boden.

Als sich alle schon in einer Reihe aufstellen, jeder mit einem Löffel und einem Ei in der Hand, sagt Tante Tanne, dass es bei diesem speziellen Holunderweg-Eierlauf noch eine Extra-Regel gibt. »Damit es nicht so leicht ist, nehmen wir die Löffel mit den Eiern in den Mund«, sagt sie. »Dann läuft der Erste zur Teppichstange, dreht um, läuft zurück und übergibt das Ei auf den Löffel des nächsten in seinem Team … aber ohne Hände.«

»Da gewinnen wir!«, ruft Lennart und hüpft aufgedreht herum, dass ihm schon gleich das Ei vom Löffel kullert. Weil der Eierlauf noch nicht angefangen hat, zählt es natürlich nicht und er darf sich ein neues Ei nehmen.

Dann gibt Opa Sonntag das Startkommando und Oma

Sonntag und Oma und Opa
Rosenbaum sind die Schiedsrichter und passen auf, dass niemand schummelt. Die Erwachsenen
sind anfangs gar nicht so schlecht, was
aber bloß daran liegt, dass die arme Lilly ja so
kurze Beine hat und nicht so schnell laufen kann.

Da sagt Oma Rosenbaum, dass Lilly nur die halbe Stre-
cke laufen muss, das könnte sie als Schiedsrichter schließlich
bestimmen. Am Ende sind die Erwachsenen dann fast nur
noch am Kichern, weil ihnen andauernd das Ei herunterfällt
oder gleich der ganze Löffel. Erwachsene sind ja manchmal
furchtbar albern. Deshalb verkündet Opa Sonntag auch am
Schluss: »Die Kinder haben die Erwachsenen um eine halbe
Bahnlänge geschlagen.«

Damit die Erwachsenen zu Ostern nicht traurig sein müssen, verkündet Ida: »Aber die Erwachsenen haben den Kicher-Wettbewerb gewonnen!«

Anschließend spielen sie Ostereier-Nasenrallye. Dabei muss jeder sein Ei mit der Nase über den Tisch rollen, vom Start bis zum Ziel, ohne dass das Ei rechts oder links über die Kante herunterfällt. Was echt richtig knifflig ist.

Dann sagt Oma Sonntag auf einmal, dass der Osterhase noch mal da war und alle im Hof mal ordentlich suchen sollen. Das ist schon seltsam, wo sie doch alle die ganze Zeit im Hof gewesen sind.

Aber vor lauter Eierlauf und Ostereier-Nasenrallye haben sie wohl nichts davon mitbekommen.

»Der Hase konnte wohl beim ersten Mal die vielen Nester nicht alle tragen«, erklärt Opa Sonntag schmunzelnd.

»Deshalb hat er für jeden noch mal eins versteckt«, bestätigt Opa Rosenbaum und Oma Rosenbaum gluckst fröhlich.

»An die Osternester ... Attacke!«, plärrt Lennart und er und Lilly, Ida, Ella und Malte stürmen natürlich gleich los.

Weil der Osterhase die Nester diesmal nicht ganz so gut versteckt hat (scheinbar musste er sich beim zweiten Mal mehr beeilen), dauert es nicht lang und sie haben alle gefunden. Vielleicht liegt es aber auch daran, dass Lennart, Lilly, Ida, Ella und Malte inzwischen Übung im Suchen haben.

»Haben wir nicht Glück, dass der Osterhase gleich zweimal zu uns kommt?«, fragt Lilly strahlend.

»Danke, lieber Osterhase!«, ruft Ella laut über den Hof und damit steckt sie natürlich alle anderen an, die dann auch »Danke, lieber Osterhase!« rufen.

»Puh, nach so vielen Eiern wäre mir jetzt nach einem schönen leckeren Eis«, schlägt Tante Tanne vor. »Was haltet ihr davon?«

Das muss sie nur einmal sagen, noch dazu ist es längst Tradition, dass sie zu Ostern ins Venezia gehen. Die Eisdiele am Marktplatz macht nämlich immer am Ostersonntag nach der langen Winterpause wieder auf. Nur Oma und Opa Sonntag und Oma und Opa Rosenbaum wollen lieber einen Osterspaziergang machen. Weil ihnen Bewegung nach dem ganzen Essen guttut, sagen sie.

»Hier ist ja die Hölle los«, stöhnt Ida, als sie die lange Schlange vor der Eisdiele sehen. Aber eigentlich ist es im Venezia immer so (außer an Regentagen vielleicht), weil es hier das beste Eis der ganzen Stadt gibt.

Als endlich jeder seine Eiswaffel hat, suchen sie auf der Terrasse nach freien Plätzen. An einem der Tische sitzt Frau Bayer von gegenüber. Sie ist heute besonders fein angezogen und löffelt einen Eisbecher.

»Ah, die Damen und Herren vom Holunderweg«, sagt sie, als sie Malte, Lennart, Ida, Ella, Lilly und ihre Eltern entdeckt. »Hattet ihr einen braven Osterhasen?«

Alte Leute sagen manchmal wirklich komische Sachen – *Damen und Herren vom Holunderweg –*, aber früher hat man ja so mittelalterlich geredet.

»Der war total brav. Guck mal, Frau Bayer«, sagt Lilly und springt mit einem Hops auf Frau Bayers Schoß. Dann zeigt sie ihr das Einhorn und die rosa Glitzerbürsten dazu, die sie natürlich heute überallhin mitnimmt.

»Kein Wunder, bei so braven Kindern«, meint Herr Sonntag schmunzelnd.

»Das ist meine Freundin Grete.« Frau Bayer zeigt auf die Frau neben sich. Sie ist mindestens genauso alt wie Frau Bayer und genauso fein angezogen. Und zu ihrer Freundin sagt sie: »Das sind meine Nachbarn Familie Rosenbaum und Familie Sonntag.«

Dass Tante Tanne keine Nachbarin ist, sondern nur zu Besuch, hat sie nicht extra gesagt. Da wäre ihre Freundin vielleicht bloß durcheinandergekommen. Aber zur Familie gehört Tante Tanne ja trotzdem.

»Frohe Ostern!«, sagt Lennart und schüttelt Frau Bayers Freundin die Hand, dass sich alle nur wundern können, wie höflich Lennart ist.

»Frohe Ostern«, antwortet Frau Bayers Freundin und dann wünschen es sich auch alle anderen. Ein richtiges Frohe-Ostern-Wünschen gibt es auf einmal auf der Eisdielenterrasse. Denn frohe Ostern sollte zu Ostern wirklich jeder haben.

Da knattert ein Auto über den Marktplatz und hält direkt vor ihnen. Es ist Klein-Ollis Papa und mit ihm sitzen Nina Süßmilch und Klein-Olli im Auto. Normalerweise kommt Klein-Ollis Papa jedes zweite Wochenende und besucht Klein-Olli, aber zu Ostern kommt er natürlich auch extra. Er wohnt nämlich nicht im Holunderweg 7, sondern in Berlin. Das ist so, weil er und Ollis Mama nämlich leider kein Liebespaar mehr sind wie früher.

»Wir gehen in den Zoo«, erklärt Nina Süßmilch. »Dort ist heute großes Ostereiersuchen.«

»Olli Zoo!«, kräht es aus dem Kindersitz auf der Rückbank durchs offene Seitenfenster. »Olli Osterhase streicheln!«

Dann hält er ein kleines Körbchen hoch, in dem ein Bündel Karotten liegt, das er extra für den Osterhasen mitgenommen hat.

»Hoffentlich treffen wir den Osterhasen auch persönlich«, sagt Klein-Ollis Papa zwinkernd. »Der hat ja heute sooo viel zu tun.« Dann düsen die drei winkend davon und alle anderen genießen ihr erstes Eis des Jahres.

Als Ida, Ella, Malte, Lennart, Lilly, Tante Tanne, Frau und Herr Sonntag und Frau und Herr Rosenbaum nach dem Eis-dielenbesuch wieder nach Hause kommen, sehen sie Herrn Schlussnuss in der Abendsonne auf seiner Terrasse sitzen. Mit Brot und Käse, einem Glas Bier und dem Nest mit den drei Ostereiern vor sich auf dem Tisch.

»Hast du auch was vom Osterhasen bekommen?«, fragt Lilly überrascht und tut so, als wüsste sie von nichts. »Bist du dafür nicht zu alt?«

»Aber Lilly«, zischt Lillys Mama erschrocken. »Sei nicht so unhöflich.«

Lennart platzt fast, so strengt er sich an, nicht laut loszuprus-ten. Aber Lilly hat Herrn Schlussnuss schon wieder um den Finger gewickelt.

»Ja, sieh mal an«, sagt Herr Schlussnuss und fast kommt es einem vor, er würde lächeln. »Da denkt doch der Osterhase tatsächlich an einen alten Brummbart wie mich.«

Ella zuckt lachend mit den Schultern. »Tja, Ostern im Holun-derweg ist einfach das schönste Ostern, das es gibt!«

Und da können ihr alle nur recht geben, obwohl Ostern mit Bruno zusammen natürlich am schönsten gewesen wäre.

»Wir müssen unbedingt nachgucken, ob Mümmel und Krümel Ostereier gelegt haben«, sagt Lilly aufgeregt.

Wenn Bruno verreist ist, dürfen sie immer auf Mümmel und Krümel, seine Kaninchen, aufpassen.

»Die sind doch keine Hasen«, johlt Lennart. »Oder hast du schon mal vom Osterkaninchen gehört?«

Das hat Lilly natürlich nicht. »Trotzdem«, sagt sie und strahlt übers ganze Gesicht. »An Ostern weiß man doch nie.«

Warum Herr Schlussnuss im Hof
Radfahrunterricht gibt und
Bruno plötzlich so komisch ist

Dann fängt die Schule wieder an und für Ella und Bruno gibt es gleich am ersten Tag tolle Neuigkeiten. Ab jetzt trainieren wir für die Fahrradprüfung, hat Herr Feistle, ihr Lehrer, angekündigt. Natürlich reden Bruno und Ella am Nachmittag von nichts anderem.

»Wir werden eine schriftliche Prüfung und eine Fahrprüfung auf dem Schulhof haben«, erklärt Ella und tut wahnsinnig wichtig dabei. »Und wenn wir bestanden haben, bekommen wir einen Führerschein und einen Aufkleber fürs Fahrrad.«

»Es kommt sogar die Polizei zu uns und guckt, ob wir alles richtig machen«, sagt Bruno, als wären es mindestens Sebastian Vettel oder Kimi Räikkönen, die vorbeikommen werden. Die sind zwar keine Polizisten, aber zwei berühmte Autorennfahrer.

»Wir haben ein extra Arbeitsheft mit Fragen und Antworten«, sagt Ella, dann seufzt sie. »Wir müssen jetzt total viel lernen.«

»Bow, ja«, stöhnt Bruno. »Wir müssen wissen, was die Verkehrsschilder bedeuten, wer Vorfahrt hat, was alles an einem Fahrrad dran sein muss …«

»Angeber«, brummt Lennart, weil die Fahrradprüfung wirklich was Besonderes ist. Wenn man die hat, gehört man echt zu den Großen. Jetzt ist Bruno zwar ein Jahr jünger als Ella, aber weil er schon mit fünf in die Schule gekommen ist, sind sie in derselben Klasse und da darf er natürlich auch die Fahrradprüfung machen. Lennart und Ida aber leider erst nächstes Jahr. Malte sogar erst übernächstes Jahr, ihn trifft es am schlimmsten.

»Hey, wir bringen euch einfach alles bei, was wir lernen«, verspricht Ella, als sie merkt, dass Ida, Malte und Lennart ziemlich still geworden sind.

»Ja, und dann üben wir zusammen im Hof mit den Rädern«, posaunt Bruno. »Das wird total gut!«

»Ihr müsst doch gucken, ob wir alles richtig machen«, kichert Ella. »Ohne euch schaffen wir das nie.«

Was total nett von den beiden ist, und da sieht man mal wieder, dass Freunde wirklich das Beste sind, was einem passieren kann.

Am nächsten Tag malen sie mit Kreide eine Straße und Kreuzungen und Verkehrsschilder in den Hof. Es sieht wie auf den Autoteppichen aus, die sie früher im Kinderzimmer hatten, bloß

in groß. Herr Kuse hat gesagt, dass das mit der Kreide im Hof in Ordnung ist, weil der nächste Regen sowieso wieder alles wegwäscht. Außerdem ist es für einen guten Zweck, schließlich sollen seine Holunderwegkinder üben können, damit sie sicher durch den Straßenverkehr kommen.

Nur Bruno ist heute irgendwie komisch, als hätte er auf einmal gar keine Lust mehr auf die Fahrradprüfung. Während Ella Fragen aus dem Arbeitsheft für die Fahrradprüfung vorliest, verdreht er andauernd genervt die Augen.

»Darf man auf der Straße freihändig fahren?«, liest Ella. »Antwort a: ja, ab 12 Jahre … Antwort b: nein … Antwort c: auf dem Radweg.«

»Darf man nicht …«, sagt Malte, aber ein bisschen ist es ihm peinlich, als wäre er ein Besserwisser.

»Stimmt, Antwort b.« Ella nickt und macht einen Kringel um den Buchstaben b.

»Ist doch egal«, sagt Bruno. »Wenn's keiner von der Polizei sieht.«

Lennart lacht, weil er das cool von Bruno findet.

»Aber wenn du hinfällst und hinter dir ein Auto ist, wirst du platt gefahren«, sagt Ida.

»Kümmert doch keinen«, sagt Bruno zornig und tritt gegen ein Stück Kreide, dass es quer über den Hof fliegt.

»Na, deine Eltern wären ja wohl ziemlich traurig darüber«, meint Ida. »Und Anna-Baby auch.«

»Hier ist die nächste Frage«, sagt Ella, weil sie gar nicht an so was Schlimmes denken will. »Wenn die Ampel orange zeigt … Antwort a: gebe ich schnell Gas … oder Antwort b: halte ich am Fahrbahnrand an.«

»Kommt drauf an, wo ich hinmuss«, sagt Lennart grinsend. »Wenn ich in die Schule fahre, halte ich an … wenn ich nach Hause fahr, geb ich Gas.«

Da müssen natürlich alle lachen, weil das mal wieder typisch Lennart ist. Nur Bruno grummelt weiter vor sich hin, wie sieben Tage Regenwetter.

»Ja, was spielt sich denn hier ab?«, fragt auf einmal jemand hinter ihnen. Ida wäre fast vom Rad gekippt, weil sie die Stimme nur zu gut kennt: Es ist Herr Schlussnuss, der mit einem Mülleimer in der Hand auf dem Weg zu den Tonnen ist. Bestimmt findet er wieder was zu meckern.

»Wir üben für die Radfahrprüfung«, erklärt Lennart, auch wenn es eigentlich nur Ellas und Brunos Radfahrprüfung ist.

Herr Schlussnuss sieht alle der Reihe nach an, wobei sein Schnurrbart zittert, als würde er irgendwas im Hof wittern. »Und da habt ihr euch hier im Hof Straßen gemalt, was?«, grunzt er.

Ella will schon sagen, dass es Herr Kuse erlaubt hat, da nickt Herr Schlussnuss. »Sehr gut!«, tönt er. »Ich war früher gelegentlich in Schulen und habe Verkehrserziehung mit Kindern gemacht.«

Und das kann sich nun wirklich niemand vorstellen: Herr Schlussnuss und Kinder. Bisher haben sie immer gedacht, dass er früher mindestens Verbrecher gejagt hat. So finster, wie er gucken kann, haben die sich nämlich bestimmt vor lauter Bammel gleich in die Hosen gemacht und sich freiwillig schnappen lassen.

»Dann kennen Sie sich ja total gut mit der Fahrradprüfung aus«, sagt Ella höflich.

»Das kann man wohl sagen«, antwortet Herr Schlussnuss stolz und dann ist er auch schon mittendrin im Erklären. »Also, am besten fängt man mit dem Rechtsabbiegen an … Umsehen, Abbremsen, Handzeichen geben, Vorfahrt achten, Abbiegen und die Fußgänger immer im Auge behalten.« Wie ein echter Verkehrspolizist, wenn an einer Kreuzung die Ampel kaputt ist, steht er zwischen Ida, Lennart, Malte, Ella und Bruno und erklärt, während er mit den Händen durch die Luft fuchtelt. Nur dass er keine Uniform anhat, sondern eine Strickjacke und eine Cordhose, und in der einen Hand immer noch seinen

Mülleimer hält. Im nächsten Moment schickt er auch schon alle der Reihe nach los. Einer nach dem anderen soll vor seinen Augen rechts abbiegen.

»Gar nicht so schlecht!«, ruft er. »Langsamer an die Kreuzung heranfahren … so ist's gut … Carducci, das Umsehen nicht vergessen … und denkt an die Fußgänger.«

Mit *Carducci* meint er natürlich Bruno, scheinbar weiß er ihre Vornamen immer noch nicht, und die Nachnamen sieht er ja täglich auf den Briefkästen und Klingelschildern.

Sie fahren Runde um Runde, bis es sich anfühlt, als wären sie mindestens fünfzig Mal rechts abgebogen.

»Ich glaub, ich kann gar nicht mehr geradeaus fahren«, stöhnt Ida kichernd, nachdem Herr Schlussnuss schließlich *Stopp* ruft.

»Ich bin schon ganz betrunken«, grölt Lennart und fährt absichtlich Schlangenlinien, als wäre er tatsächlich betrunken.

»Wir üben das, bis ihr es im Schlaf könnt«, sagt Herr Schlussnuss ernst. »Morgen treffen wir uns wieder um dieselbe Zeit hier im Hof.« Ohne eine Antwort abzuwarten, marschiert er zu den Tonnen und dann zurück zum Haus.

»Ich pack's nicht«, flüstert Lennart, während sie ihm nachschauen. »Er war gerade fast nett zu uns.«

»Ich glaub, es hat ihm sogar Spaß gemacht«, sagt Ida.

Ella nickt. »Vielleicht würde er lieber noch arbeiten, statt Rentner zu sein.«

»Der Frühling macht halt jeden froh«, sagt Malte.

»Mir doch egal!«, brummt Bruno. »Scheiß Frühling!« Dann tritt er in die Pedale und fährt mit einem Mordsrums einfach so in Malte und sein Fahrrad hinein.

»Mann, pass doch auf«, schimpft Malte, der sich gerade noch halten kann, und guckt Bruno böse an. »Was ist denn mit dir los!«

»Pass doch selber auf«, blafft Bruno und lacht. »Im Straßenverkehr gibt's 'ne Menge Unfälle, das müssen wir auch üben.«

»Sehr komisch«, sagt Ida, aber das sagt sie so, dass man gleich weiß, dass sie genau das Gegenteil meint. »Du bist heute echt seltsam.«

»Echt«, sagt Malte kopfschüttelnd. »Ich geh rein, ich hab keine Lust mehr.«

»Ich komm mit«, sagt Lennart.

»Ich auch«, sagt Ida. »Ich muss noch Hausaufgaben machen.«

»Ich mach keine Hausaufgaben«, schnaubt Bruno. »Keine Lust.«

»Wenn du meinst«, sagt Lennart und zieht mit Malte und Ida ab.

Danach sind nur noch Ella und Bruno im Hof. Während Ella weiter Rechtsabbiegen übt, fährt Bruno Kreise, einfach über die gemalten Kreidestraßen, als wären sie gar nicht da.

»So schaffst du die Prüfung nie«, sagt Ella und eigentlich ist sie fast ein bisschen wütend auf Bruno, dass er das alles nicht ernst nimmt.

»Ich mach die Prüfung sowieso nicht«, sagt Bruno und dann läuft ihm plötzlich eine Träne über die Wange.

Erschrocken macht Ella eine Vollbremsung, direkt vor Bruno. Sie hat ihn noch nie weinen sehen. »Jetzt sag schon, was los ist«, drängt sie. »Du hast doch was.«

»Nix, ich hab bloß Bauchweh«, sagt Bruno leise.

»Das glaubst du doch selber nicht«, sagt Ella. Dann bohrt und bohrt sie so lange nach, bis Bruno endlich mit der Wahrheit rausrückt und es nur so aus ihm herausprudelt.

Er erzählt, dass der Chef von seinem Papa pleite ist und die Firma schließen muss, und dass Brunos Papa jetzt deshalb keine Arbeit mehr hat. Bruno schnieft und wischt sich mit dem Ärmel übers Gesicht. »… und wenn mein Papa hier in der Stadt keine neue Arbeit findet«, sagt Bruno, »müssen wir aus dem Holunderweg wegziehen, dorthin, wo die neue Arbeit ist.«

Das schlägt wie eine Bombe ein, und jetzt ist auch klar, warum Bruno die ganze Zeit so seltsam war. Ella lässt ihr Rad einfach auf der Stelle fallen, legt Bruno den Arm um die Schulter und dann sagt sie das Erste, was ihr einfällt: »Du musst unbedingt hier im Holunderweg bleiben!«

»Das will ich ja auch«, schnieft Bruno. »Aber wie?«

»Du darfst einfach nicht fort!«, sagt Ella bestimmt. »Ach, keine Ahnung … wenn ich Mama und Papa frage, adoptieren sie dich vielleicht.« Aber dass das eine gute Idee ist, glaubt sie selber nicht. Schließlich kann man nicht einfach so die Kinder von anderen adoptieren, bloß weil sie nicht umziehen sollen.

»Wir hängen einen Anzeigenzettel im Super-Kauf aus«, sagt sie dann. »Irgendwas wie *Weltbester Papa sucht Arbeit.*« Wenn nur Ida, Malte und Lennart hier wären! Zusammen würde ihnen bestimmt etwas richtig Gutes einfallen.

»Sag bloß den anderen nichts«, murmelt Bruno, als hätte er Ellas Gedanken erraten. »Versprochen?«

»Auch nicht zu Ida?«, fragt Ella.

Bruno schüttelt den Kopf. »Erst, wenn es so weit ist.«

»Wenn es so weit ist, verstecken wir dich auf dem Dachboden«, sagt Ella grinsend und dann müssen beide lachen, weil es wirklich zu komisch ist. Ein Kind kann doch nicht auf dem Dachboden versteckt wohnen, bis es groß ist.

»Komm, wir gehen zu uns hoch und ich mach dir einen Bauchwohltee und eine Wärmflasche«, sagt Ella dann. »Das macht meine Mama auch immer, wenn ich traurig bin. Das hilft gegen fast alles. Und dann schauen wir, ob uns was Besseres einfällt.«

»Okay«, sagt Bruno und grinst tapfer. »Aber ohne Wärmflasche.«

Und da sieht man schon wieder, dass Freunde wirklich das Beste sind, was einem passieren kann.

Jede Menge Wasser, die Titanic
und ein rettender Anruf

Das Radfahrtraining ist dann erst mal ins Wasser gefallen. So sagt man, wenn etwas nicht zustande kommt. Nur ist in diesem Fall tatsächlich Wasser schuld daran, denn es regnet seit Tagen in Strömen und da kann man nun wirklich nicht im Hof Rechts- und Linksabbiegen üben, wenn man in Nullkomma-nichts klitschnass ist.

Ella hat wie versprochen dichtgehalten und keinem der anderen von der Sache mit Brunos Papa und dem Umzug erzählt. Ella und Bruno haben einen Zettel für die Gesucht-Gefunden-Tafel im Super-Kauf geschrieben. Natürlich haben sie nicht »Weltbester Papa sucht Arbeit« draufgeschrieben. Nein, das muss man ganz professionell, wie in der Zeitung, machen.

> **Netter, fleißiger Mann (44 J.)**
>
> **sucht Arbeit.**
>
> **Je früher, desto besser.**

Dazu steht ganz unten zehn Mal die Telefonnummer von Brunos Papa auf kleinen Abreißzetteln zum Mitnehmen.

»Wir hätten noch draufschreiben sollen, dass er stark ist«, meint Bruno. Was nun leider zu spät ist, weil der Zettel sonst ziemlich verkritzelt aussehen und keinen guten Eindruck machen würde.

Aber ist das zu fassen? Gerade als sie den Zettel im Super-Kauf an die Tafel kleben wollen, kommt eine Verkäuferin und sagt, dass man das auf keinen Fall ohne Erlaubnis darf und als Kinder schon gar nicht. Da sieht man mal wieder, wie ungerecht die Welt ist.

Ella fällt zum Glück gleich eine Antwort ein. »Sein Papa kann selber nicht kommen und hat uns geschickt, um den Zettel anzukleben«, sagt sie und macht so ein Gesicht, dass man ihr nur glauben kann. Eine fabelhafte Notlüge, die in diesem Fall bestimmt erlaubt ist. Wenn das keine Not ist, dass Bruno aus dem Holunderweg wegziehen muss, wenn sein Papa hier in der Nähe keine Arbeit findet.

Aber die Verkäuferin schüttelt nur den Kopf und sagt: »Da muss dein Papa schon selber kommen.«

Aber genau das ist das Problem, weil Brunos Papa ja gar nichts davon weiß. Dass Erwachsene immer alles so kompliziert machen müssen. Na ja, vielleicht hat die Verkäuferin ein bisschen recht. Wenn man einfach so für jemand anderen einen Zettel ankleben dürfte, dann könnte ja jeder das Sofa oder sonst was von seinem Nachbarn verkaufen. Und dann würde der sich wundern, dass andauernd Leute anrufen und ihn nach seinem Sofa fragen.

Trotzdem ist das im Fall von Brunos Papa anders und vor allem eine Superidee. Sie funktioniert so: Ein Mensch mit einer Firma geht einkaufen und während er noch an Milch, Tiefkühlpizza und Spülmittel denkt, und daran, dass er dringend einen neuen Mitarbeiter sucht, weil er so viel Arbeit hat, da sieht er auf einmal den Zettel mit Brunos Papa. Froh reißt er sich die Telefonnummer ab und ruft Brunos Papa an, gibt ihm die Arbeit, Bruno kann im Holunderweg bleiben und alles ist gut.

»Dann hängen wir den Zettel eben woanders hin«, sagt Ella. Wohin genau, das wollen sie noch überlegen.

Nur dann kommt zu der Bruno-muss-im-Holunderweg-bleiben-Sache noch ein Notfall dazu. Als Bruno und Ella vom Super-Kauf in den Holunderweg zurückkommen, steht Bilals gelbes Postauto mit sperrangelweit offenem Laderaum mitten auf dem Gehweg vor ihrem Haus. Was so spätnachmittags ziemlich ungewöhnlich ist. Bilal hat nämlich heute Vormittag schon die Post gebracht. Und zweimal am Tag gibt es nun wirklich keine Post, auch nicht am Samstag.

Zusammen mit Herrn Kuse schleppt Bilal keuchend eine gelb-schwarze Maschine die Kellertreppe hinauf und aus dem Haus durch den Regen zu Bilals Postauto.

»Bilals Keller ist überflutet«, erklärt Lennart, der mit Ida, Malte und Lilly mit Regenschirmen und Gummistiefeln daneben steht und alles beobachtet, denn so was bleibt im Holunderweg natürlich nicht unbemerkt.

»Das ist wegen dem vielen Regen«, sagt Lilly.

»Herr Kuse leiht ihm seine Wasserpumpe«, sagt Ida und zeigt

auf die gelb-schwarze Maschine, die unter Ächzen und Stöhnen von den beiden Männern ins Auto gepackt wird.

»Die Feuerwehr hat nämlich alle Hände voll zu tun«, verkündet Malte fachmännisch. »Weil gerade so viele Keller unter Wasser stehen.«

»Mann danke, dass ich die Pumpe ausleihen kann«, sagt Bilal, nachdem er die Autotüren zugeschlagen hat. »Sonst müsste ich das Wasser eimerweise aus dem Keller tragen.«

»Haben wir auch Wasser im Keller?«, fragt Ella und ist sich nicht sicher, ob das eine lustige oder eine gruselige Vorstellung ist.

»Nein, bei uns ist alles in Ordnung«, sagt Herr Kuse. »Unser Haus liegt viel höher als Bilals Haus, da passiert das nicht so leicht.«

»Wir fahren mit und helfen, oder?«, sagt Bruno und sieht die anderen auffordernd an.

»Klaro-Kilimandscharo!«, tönt Malte.

Aber das ist sowieso längst beschlossene Sache, denn da kommen die Väter von Bruno, Malte, Ella, Ida, Lennart und Lilly mit Gummistiefeln aus dem Haus und sie fahren alle zusammen zu Bilal.

In Bilals Keller ist wirklich eine Menge Wasser. Man muss ganz vorsichtig gehen, damit einem nichts in die Gummistiefel schwappt.

»Na, das sieht ja fast aus wie auf der Titanic«, zetert ein Nachbar von Bilal, der auch gerade dabei ist, seine Sachen ins Trockene zu retten.

Nur dass in Bilals Keller keine Sachen herumschwimmen

und natürlich auch niemand »Hilfe, wir sinken!« ruft. Und auch wenn das mit der Titanic schon über hundert Jahre her ist, darf man einen überfluteten Keller natürlich nicht mit einem sinkenden Schiff vergleichen.

»Packt alle mal mit an«, sagt Herr Kuse und da merkt man mal wieder, was für ein guter Hausmeister Herr Kuse ist. Denn mit seiner Hilfe bauen sie im Nu die Wasserpumpe auf, mit allen Schläuchen und allem Drum und Dran, und dann dröhnt der Motor auch schon los. Lennart und Malte halten den Schlauch, der das Wasser einsaugt, zusammen ins Wasser, weil doppelt vielleicht besser hält. Danach sind Ida und Lilly dran und dann Ella und Bruno. Es ist immer dasselbe: Schlauch ins Wasser halten, den Schalter der Wasserpumpe auf *Pumpen* drehen, dann warten, bis der Behälter voll ist, Schalter in die andere Richtung drehen und warten, bis alles Wasser durch den Schlauch im Kellerfenster nach draußen in den Gully geflossen ist.

Irgendwann springt Lennart auf und ruft: »Hilfe, wir sinken!« Und dann sagt er, dass sie jetzt spielen, dass sie die Titanic sind und einen Eisberg gerammt hätten. Bloß, dass es bei ihnen gut ausgeht und alle ausnahmslos gerettet werden. Und weil es am Anfang noch ganz spannend ist, einen Keller leer zu pumpen, aber mit der Zeit ziemlich langweilig wird, sind die anderen sofort mit dabei.

»Oh nein, hoffentlich haben wir nur einen kleinen Eisberg gerammt«, sagt Ida und tut so, als würde sie auf dem Meer nach dem Eisberg Ausschau halten.

»Wir müssen alles retten!«, trötet Malte laut. »Das Fahrrad dort hinten und das Bügelbrett zuerst.«

110

»Ich will nicht sinken! Hört auf, so gruselige Sachen zu sagen«, jammert Lilly und macht eine dicke Schmolllippe.

»Ein Keller kann nicht sinken«, beruhigt sie Bruno ganz lieb. »Die spielen das nur.«

»Na toll!«, schimpft Lilly. »Und woher soll ich das wissen, wo ich doch noch so klein bin?«

»Alle Mann in die Rettungsboote!«, ruft Lillys Papa und hebt Lilly auf ein Schränkchen, das felsenfest an der Kellerwand in den Fluten steht.

Und während Lilly fröhlich quiekend alles von oben beobachtet, stellen sich die anderen wie bei einer Eimerkette in einer Reihe auf und befördern Stück für Stück alle Sachen aus dem Keller hinaus ins Treppenhaus zum Trocknen. Da ist es gut, dass Lennart das Spiel eingefallen ist, man hat nämlich keine

Vorstellung, wie endlos lange es dauert, einen Keller leer zu pumpen und auszuräumen.

Als sie abends müde und mit kalten Füßen nach Hause kommen, hat Frau Sonntag schon für alle zwei Riesentöpfe mit warmer Suppe gekocht. Bohnensuppe mit Reis und Biowürstchen. Das ist das Beste, wenn man stundenlang in einem überfluteten Keller gearbeitet hat.

»Kommt alle rein«, sagt Frau Sonntag. »Wir müssen halt ein bisschen zusammenrutschen.«

Zum Glück haben die Sonntags so einen großen Küchentisch, denn mit allen Kindern und Eltern, Herrn Kuse und Anna-Baby sind sie dreizehn Leute. Frau Rosenbaum ist leider nicht dabei, sie hat Spätschicht, und Bilal ist zu Hause geblieben, um seinen Keller zu bewachen, ob nicht wieder Wasser nachläuft. Doch so schnell kommen sie nicht zu ihrer warmen Suppe, denn als Frau Sonntag gerade auftragen will, klingelt es und Nina Süßmilch mit Klein-Olli auf dem Arm steht vor der Tür.

»Oje, ich hab was angestellt«, jammert Nina Süßmilch ganz aufgeregt. »Meine alte Waschmaschine ist kaputtgegangen und hat alles unter Wasser gesetzt … bestimmt ist was zu euch durch die Decke gelaufen … guckt mal in euer Bad …«

»Füße nass!«, brabbelt Klein-Olli aufgeregt. »Alles nass! Überall!« Dabei breitet er beide Arme so weit aus, wie er nur kann.

Und tatsächlich, als Herr und Frau Sonntag in ihrem Badezimmer nachschauen, ist an der Decke ein riesiger Wasserfleck zu sehen.

»Ich ruf gleich am Montag einen Handwerker an, der sich eure Decke anschaut und das repariert«, sagt Nina Süßmilch. »Zum Glück bin ich versichert, die zahlen das.«

»Sollen wir zum Wischen hochkommen?«, fragt Lennart. »Wir sind nämlich Profis.«

Was nicht übertrieben ist, wenn man einen ganzen überfluteten Keller leer gepumpt hat.

Aber Nina schüttelt den Kopf. »Nein, danke«, seufzt sie und lächelt schon wieder. »Als ich den Schlamassel gesehen hab, hab ich einfach alle meine Handtücher und Badetücher zum Aufwischen genommen und danach in die Badewanne geworfen. Dort kann das Wasser nichts mehr anrichten.«

Und so kommt es, dass sie sich nun zu fünfzehnt um Maltes und Ellas Küchentisch quetschen und Suppe essen. Denn nach so einem Schreck können auch Nina und Klein-Olli eine warme Suppe gebrauchen.

»Zusammen essen ist so schön gemütlich«, sagt Lilly, die auf Papas Schoß sitzen darf.

»Ja, das sollten wir öfter machen«, tönt Bruno, doch schon wird er kreidebleich und guckt Ella erschrocken an. Weil er ja das nächste Mal vielleicht nicht mehr dabei sein wird.

Aber da es manchmal wie verhext zugeht, klingelt in diesem Moment das Handy von Brunos Papa.

»Entschuldigung, ist vielleicht wichtig«, sagt Brunos Papa und verschwindet in den Flur.

Tja, und so ein Wunder muss man sich mal vorstellen. Als Brunos Papa wieder in die Küche zurückkommt, strahlt er bis über beide Ohren.

»Das war mein neuer Chef«, verkündet er. »Ich habe eben die Zusage für eine neue Arbeit hier in der Innenstadt bekommen.«

Da haben sich die anderen natürlich erst mal überhaupt nicht ausgekannt, bis Brunos Papa alles erklärt hat. Nur Ella und Bruno sind sich sofort in die Arme gefallen und wie verrückt in der Küche umhergehüpft.

»Wir wollen alle für immer im Holunderweg wohnen bleiben«, sagt Bruno, was sie dann auch feierlich bei Bohnensuppe schwören. Und vor lauter Glück hat Bruno drei Teller Suppe nacheinander gegessen.

Kurz vor dem Schlafengehen bekommt Ella noch einen Riesenschreck, als nämlich Malte sagt, dass Mama Küchenverbot hat, weil er dort etwas Wichtiges vorbereiten muss. Da fällt es Ella siedend heiß ein, dass ja morgen Muttertag ist und sie vor lauter Aufregung um alles nicht mal das klitzekleinste Geschenk für Mama hat.

»Wie soll ich denn so schnell noch was basteln?«, jammert sie völlig aufgelöst.

»Du kannst mit mir zusammen Kuchen backen«, schlägt Malte vor. »Ich hab alles mit Papa eingekauft.«

»Du bist der beste Bruder der Welt«, sagt Ella. Malte bekommt fast keine Luft mehr, so fest umarmt sie ihn.

»Schon gut«, ächzt er. »Lass mich einfach nur wieder los.«

Dann werkeln die beiden bis spät in die Nacht in der Küche herum, bis am Ende ein großes Kuchenherz mit rosa Zuckerguss und bunten Zuckerblumen auf dem Tisch steht.

Dass Bruno bei all dem Durcheinander keinen Kopf für Muttertagsgeschenke hatte, kann man verstehen. Weshalb auch er noch heimlich mit der Taschenlampe unter der Bettdecke blitzschnell ein Gedicht auswendig lernt.

Und Lennart wäre nicht Lennart, wenn er den Muttertag nicht auch verschusselt hätte. Aber er schläft längst tief und fest, denn er hat eine fabelhafte Idee – er muss morgen früh nur vor allen anderen aufstehen.

Ein ziemlich durcheinandergeratener
Muttertag und ein gutes Ende

Am nächsten Morgen ist Lennart tatsächlich ganz früh wach, aber er ist nicht der Einzige. Denn als er sich aus der Wohnung schleichen will, was zu seiner Muttertagsidee gehört, stehen auf einmal Ida und Lilly fix und fertig angezogen hinter ihm.

»Wo wollt ihr denn hin?«, flüstert Lennart.

»Zum Blumenfeld«, flüstert Ida genauso leise zurück.

»Ihr auch?«, fragt Lennart verblüfft.

»Wir holen Blumen für Mama«, sagt Lilly und kichert, dass Ida und Lennart ihr schnell die Hand vor den Mund halten. Nicht, dass Mama was mitbekommt, sonst ist die schöne Muttertagsüberraschung nämlich gar keine mehr.

Dass sie die Idee mit dem Blumenfeld gehabt haben, liegt daran, dass überall in der Stadt Schilder hängen. »Blumen

selber pflücken« steht darauf und »Bald ist Muttertag«. Lennart wollte eigentlich mit dem Rad fahren, aber mit Lilly im Schlepptau gehen sie lieber zu Fuß. Hinter dem Marktplatz führt gleich rechts eine Straße zum Blumenfeld. Es liegt noch ein bisschen im Frühnebel, direkt unter dem Schlittenberg, der statt weiß vom Schnee inzwischen komplett gelb vom vielen Löwenzahn ist.

»Bleib schön bei uns, Lilly«, sagt Ida. Nicht, dass Mama am Ende zwar einen schönen Blumenstrauß, aber nur noch zwei statt drei Kinder hat, weil Lilly sich sonst wohin verirrt hat.

»Tulpen 1 Stück 40 Cent« steht auf einem Schild am Rand des Blumenfelds, darunter ist ein Metallkasten, in den man durch einen Schlitz (wie bei einer Spardose) das Geld werfen soll. Da muss man natürlich rechnen, wie viele Blumen man will und das mal vierzig Cent und dann überlegen, wie viel Geld man überhaupt dabeihat. Unter der Kasse liegen kleine Messer bereit, die man sich zum Blumenschneiden ausleihen darf.

»Ich hab zwei Euro sechzig«, sagt Lennart, nachdem er alles Geld aus seiner Hosentasche zusammengezählt hat.

»Zwei Euro neunzig«, sagt Ida.

»Ich hab zehn Euro«, sagt Lilly und hält eine kleine Münze hoch, die sie aus ihrem kleinen rosa Plüschgeldbeutelchen gekramt hat.

»Das sind zehn Cent«, prustet Lennart los. »Nicht zehn Euro, sonst wärst du echt reich!«

»Ich bin aber reich, oder?«, fragt Lilly vorsichtig und zieht eine Schnute, dass Ida und Lennart es nicht übers Herz bringen, ihr zu sagen, dass sie für zehn Cent leider nicht mal eine einzige Tulpe bekommt. Deshalb beschließen sie, alles Geld zusammenzulegen und zu dritt für Mama einen Strauß zu kaufen.

»Wir haben zwei Euro sechzig plus zwei Euro neunzig plus zehn Cent«, rechnet Ida. »Das sind …«

»Fünf Euro sechzig!«, sagt Lennart, mit Geld kann er wirklich schnell rechnen. »Und eine Tulpe kostet vierzig Cent. Alter, dafür bekommen wir …« Er überlegt angestrengt, weil es mit Tulpen in der Rechnung schon wieder schwieriger wird. »… eine Menge Blumen jedenfalls«, sagt er dann.

»Wir kaufen einfach zuerst zehn Blumen«, meint Ida. »Die kosten vier Euro und dann schauen wir, wie viel Geld wir noch übrig haben.«

Was ziemlich schlau ist, schließlich will niemand aus Versehen zu viel bezahlen. Aber auch nicht zu wenig, selbst wenn keiner zum Kontrollieren an der Kasse steht. Oben auf der Preistafel steht nämlich in großen Buchstaben: »Nur bezahlte Blumen bringen Freude!« Was so viel heißt wie, dass man sonst ewig ein schlechtes Gewissen haben wird und sich gar nicht über die schönen Blumen freuen kann.

»Ich will rosa Tulpen«, kräht Lilly und stürmt los, den kleinen Pfad neben den Beeten entlang. »Die hier … und die … und die!«

Weil man mit vier Jahren noch nicht mit einem scharfen Messer umgehen soll, schneiden Ida und Lennart die Blumen für Lilly ab. Dafür darf Lilly am Schluss alles Geld allein in die Kasse werfen.

Als sie mit dem allerschönsten Blumenstrauß in den Holunderweg zurückkommen, sind schon alle auf den Beinen. Es rumst und rumpelt im Treppenhaus und Stimmen schallen von oben herunter. »Achtung, mehr links … jetzt heben … langsamer … mehr rechts …« Es sind die Väter und Herr Kuse, die gerade mit vereinten Kräften eine Waschmaschine zu Nina Süßmilch in den obersten Stock tragen. Auch Malte, Ella und Bruno sind schon wach und flitzen aufgeregt um die Männer herum.

»Guckt mal, was ich Schönes bekomme«, trällert Nina Süßmilch, als sie Ida, Lennart und Lilly entdeckt. »Natürlich bloß eine Gebrauchte, aber erst fünf Jahre alt, der Bruder von Herrn Kuse hatte sie übrig.«

»Mein Bruder hat letztens bei einem Preisausschreiben eine neue Waschmaschine gewonnen«, erklärt Herr Kuse. »Und weil seine frühere nur bei ihm im Keller herumstand, hab ich sie gleich für unsere Frau Süßmilch und den Kleinen geholt.«

»Sie sind ein Schatz, Herr Kuse«, sagt Nina Süßmilch fröhlich und Herr Kuse wird ein bisschen rot im Gesicht vor Verlegenheit.

Als sie dann die alte kaputte Waschmaschine nach unten tragen, die Herr Kuse gleich am Montag zum Sperrmüll bringen will, stürmt auf einmal Herr Schlussnuss aus seiner Tür. Ganz aufgelöst steht er vor ihnen und fuchtelt mit den Händen in der Luft herum.

»Waren wir zu laut?«, fragt Nina Süßmilch. »Das tut mir leid, wir sind gleich fertig.«

»Nein, nein, kein Problem«, schnauft Herr Schlussnuss. »Es ist nur … haben Sie Püppi gesehen? Sie ist verschwunden!« Da fällt allen erst auf, wie elend und durcheinander er aussieht. Er erklärt, dass er vorhin noch mit beiden Katzen gespielt hat, dann hat er das Fenster zum Lüften geöffnet und plötzlich war nur noch Mimi auf dem Fensterbrett. »Ich hab schon überall gesucht«, erklärt er. »… und gerufen hab ich … und einen Napf mit ihrem Lieblingsfutter auf die Terrasse gestellt.« Und tatsächlich schmiegt sich nur Mimi an sein Bein, was wirklich sehr traurig aussieht.

Da fliegt gegenüber die Wohnungstür auf und Frau Rosenbaum taucht auf. »Lilly, Ida, Lennart … da seid ihr ja!«, ruft sie erleichtert. »Zuerst dachte ich, ihr schlaft noch, aber dann hab ich eure leeren Betten gesehen …«

»Wir waren Blumen holen«, kräht Lilly und gibt Lennart einen Schubs, damit er den Strauß hinter seinem Rücken hervorholt. »Für dich, alles Gute zum Muttertag!«

»Herrje, und ich dachte schon, ihr wärt ausgebüxt!« Lachend umarmt sie Lilly, Ida und Lennart und küsst einen nach dem andern mit einem lauten Schmatz. »Meine drei Schätze, danke! Aber ihr hättet mir Bescheid sagen müssen.«

»Also Mama!« Lilly schüttelt empört den Kopf. »Bei einer Überraschung kann man doch nicht Bescheid sagen.«

Aber weil jetzt wirklich nicht der Moment ist, sich über Überraschungen und Bescheidsagen zu unterhalten, fällt ihnen Ida ins Wort. »Mama, stell dir vor, Püppi ist verschwunden«, sagt Ida. »Hast du sie gesehen?«

»Leider nicht«, sagt Frau Rosenbaum ganz betroffen. Denn für die Wildnis, also in diesem Fall die Straße, sind Herrn Schlussnuss' Katzen ganz bestimmt nicht gemacht. »Wir helfen natürlich suchen!«

»Das ist sehr nett, aber sie haben bestimmt Besseres vor«, sagt Herr Schlussnuss und zeigt auf den Muttertagsstrauß.

Frau Rosenbaum lächelt. »Zuerst finden wir Püppi«, sagt sie. »Da muss der Muttertag solange einfach mal warten.«

Weil das alle anderen im Holunderweg 7 auch finden, startet gleich darauf die größte Katzensuchaktion, die der Holunderweg je gesehen hat.

Sie suchen noch mal jeden kleinsten Winkel im Keller ab. Sie durchstöbern den ganzen Dachboden, weil Püppi ja vielleicht einer Maus nachgelaufen ist und jetzt vor ihrem Mauseloch lauert. Sie gucken im Fahrradschuppen, weil Püppi hineingelaufen sein könnte und jemand die Arme aus Versehen eingeschlossen hat. Sie gehen den Holunderweg auf und ab und fragen alle, die ihnen begegnen, ob sie nicht eine schwarze Katze mit weißen Pfoten gesehen haben. Sie laufen sogar bis zur Bushaltestelle vor. »Katzen sind neugierige Tiere«, meint Lennart. »Vielleicht wollte sie sich die Welt ansehen und hat nicht mehr nach Hause gefunden.«

Doch nirgends ist auch nur eine Spur von Püppi. Als sie schließlich keine Idee mehr haben, wo sie noch suchen sollen, kommt ihnen Frau Bayer vom Haus gegenüber entgegen.

»Na, schaut mal, wer mir da zugelaufen ist«, gluckst sie und hält tatsächlich Püppi im Arm, die sich gesund und munter laut schnurrend von ihr den Hals kraulen lässt. »Ich hab sie bei uns im Treppenhaus entdeckt.«

»Püppi!«, japst Herr Schlussnuss, der sein Glück erst gar nicht fassen kann. Dann streckt er die Arme aus und läuft auf die beiden zu. »Mein kleiner Ausreißer!« Als er Püppi sicher im Arm hat, klingt es, als würde er sogar selbst vor Freude schnurren, weil er immerzu etwas wie »Mein Püppilein« und »Ich hab mir solche Sorgen gemacht!« vor sich hin murmelt. So froh hat man ihn selten gesehen. Da bekommt man glatt Gänsehaut, so süß ist das.

Jetzt kann der Muttertag anfangen! Und weil es seltsam wäre, wenn nach so einer geglückten Katzensuche nun jede Familie allein in ihre Wohnung gehen würde, wollen sie alle zusammen im Hof feiern. Da ist es nur gut, dass der Tisch und die Bänke von Ostern noch dort stehen. Lennart, Malte, Ida, Ella und Lilly machen wieder Picknick, und Bruno zum ersten Mal, weil er Ostern ja nicht im Holunderweg, sondern in Rom war.

Irgendjemand fragt Frau Bayer, ob sie auch zu Kaffee und Kuchen bleiben mag.

»Wie lieb von euch«, sagt Frau Bayer. »Aber meine Söhne besuchen mich.«

Da merkt Malte, dass er noch nie darüber nachgedacht hat, ob Frau Bayer Kinder hat. »Das ist gut«, sagt er. »Muttertag soll man unbedingt mit seinen Kindern feiern.«

Weil das stimmt, kommen später noch Oma und Opa Rosenbaum und Oma und Opa Sonntag und Tante Tanne dazu. Omas sind ja schließlich auch Mütter und Tante Tanne ist eine Tochter.

Nachdem sie zusammen ausgiebig Kaffee und Kakao getrunken und drei Kuchen ratzeputz aufgegessen haben, holt Brunos Papa zwei Flaschen Prosecco. »Zum Anstoßen«, sagt er. Und Nina Süßmilch holt zwei Flaschen Brausebubble. »Für die Kinder«, sagt sie. »Einmal Himbeere und einmal Melone.«

»Ach, wie haben wir es schön im Holunderweg«, seufzt Brunos Mama.

»Mh«, sagt Frau Rosenbaum. »Und wie gut die Kastanienblüten und der Flieder riechen.«

»Am besten, wir feiern jedes Jahr Muttertag zusammen«, schlägt Ida vor.

»Hallo, und was ist mit Vatertag?«, fragt Herr Rosenbaum und tut so, als wäre er furchtbar eifersüchtig auf die Mütter.

»Ja, wir Väter wollen schließlich nicht zu kurz kommen«, pflichtet ihm Herr Sonntag bei.

»Wir wollen auch so ein schönes Fest mit Kuchen und Blumen und Gedichten«, sagt Brunos Papa.

Als Brunos Papa das mit den Gedichten sagt, zuckt Bruno zusammen, weil ihm einfällt, dass er bei dem ganzen Trubel glatt vergessen hat, sein Gedicht aufzusagen. Deshalb flüstert er seiner Mama schnell ins Ohr, dass er später, wenn sie allein sind, noch eine Überraschung für sie hat.

»Wie wär's denn mit einem Seifenkistenrennen am Vatertag?«, fragt Opa Rosenbaum. »Das hab ich schon ewig nicht mehr gemacht.«

Und das ist eine so gute Idee, dass sie es sofort fest ausmachen.

»Im Holunderweg gehen uns die Feste einfach nie aus!«, ruft Ida ausgelassen und dann feiern sie, bis es dunkel wird.

Am nächsten Tag dürfen Mümmel und Krümel, Brunos Kaninchen, zum ersten Mal dieses Jahr ins Freie, weil jetzt der Boden warm genug ist. Wie immer bauen Bruno, Ella, Malte, Lennart und Ida das Gehege hinter dem Fahrradschuppen auf. Mümmel und Krümel hoppeln sofort wie wild durchs frische Gras und würden am liebsten an allen Grashalmen gleichzeitig knabbern.

»Ich glaub, die beiden sind total froh, dass sie hierbleiben können«, sagt Bruno.

»Und wir erst … wir sind zum Platzen froh, dass ihr hierbleibt«, kichert Ella, während sie den übermütigen Kaninchen zusehen.

»Wir bleiben für immer hier«, bestätigt Malte. »Alle zusammen.«

»Ich glaub, dass sogar Herr Schlussnuss richtig gern im Holunderweg wohnt«, meint Bruno grinsend.

»Ist doch klar!«, kräht Lennart. »Solche Nachbarn wie uns kann man sich ja nur wünschen!«

»Wisst ihr was?«, sagt Ida. »Manchmal ist es doch das größte Glück, wenn alles genau so bleibt, wie es ist.«

Und das ist einfach nur absolut und komplett wahr.

Wenn du auch Osterlämmchen backen willst:

Oma Rosenbaums
Rezept für Osterlämmchen

250 g Butter
250 g Zucker
1 Päckchen Vanillezucker
½ abgeriebene Zitronenschale (bio)
5 Eier
375 g Mehl
2 ½ Teelöffel Backpulver
5 Esslöffel Milch
und Puderzucker zum Bestäuben

Butter schaumig rühren, Zucker, Vanillezucker und Zitronenschale dazugeben, Eier in den Teig schlagen (oder ausblasen), danach Mehl und Backpulver in die Schüssel sieben und unterrühren und zum Schluss die Milch nicht vergessen.

Backformen mit Butter fetten und mit Semmelbrösel bestreuen, den Teig hineingießen und im vorgeheizten Backofen bei 200 Grad (Umluft 180 Grad) ca. 40 Minuten backen.

Die Lämmchen vorsichtig aus der Form lösen und auf einem Kuchengitter auskühlen lassen. Danach dick mit Puderzucker bestreuen.

Mit diesem Rezept kannst du übrigens auch Osterhasen oder Osterhennen backen, je nachdem, welche Backformen ihr zu Hause habt.

Mehr über unsere Bücher, Autor:innen und Illustrator:innen auf:
www.thienemann.de

Baumbach, Martina
Frühling im Holunderweg
ISBN 978 3 522 30456 6

Gesamtgestaltung: Verena Körting
Einbandtypografie: Michael Kimmerle
Innentypografie: Tanja Haaf
Reproduktion: David Hirsch - H.K.S. Repro, Ostfildern
Druck und Bindung: Livonia Print, Riga

© 2017 Gabriel in der Thienemann-Esslinger Verlag GmbH,
Blumenstraße 36, 70182 Stuttgart
Bei Fragen zum Produkt: service@thienemann.de
Printed in Latvia. Alle Rechte vorbehalten.
Wir behalten uns die Nutzung unserer Inhalte für Text und
Data Mining im Sinne von § 44b UrhG ausdrücklich vor.
10. Auflage 2026